아픈 아이들에게

아픈 아이들에게

한종윤 지음

다산글방

프롤로그

"5년 남았다."
"이제는 4년 남았네."
"2년밖에 남지 않았어."
"성인되기까지 고작 1년도 남지 않았어."

...

10대 시절 어머니께서 줄곧 해 주셨던 말씀이다. 곧 어른이 될 것이니, 그리고 언젠가 아빠가 될 것이니 미리 준비를 해야 한다고 말이다. 아들이 멋진 어른이자 아빠가 되길 바라셨던 어머니께서는, 나를 또래 친구들과 달리 특별하게 키우고 싶어하셨던 것 같다. 공부 쪽은 길이 아니라고 판단하셔서 나를 '세계 여행'의 길로 인도해 주셨다.

남들이 쉽게 하지 못하는 경험들을 일찍 하고, 매해 어른이 되는 것을 카운트다운 하면서 나 또한 내 미래가 궁금해지곤 했었다.

"나는 어떤 어른이 되어 있을까?"

1992년생인 나는 이 책을 출판한 2025년 기준으로 만 33살이다. 법적으로 어른이 된 지 어언 14년이 지났지만, 지금도 여전히 '어른'이 된 내 모습은 어떨지 기대를 가지며 살아가고 있다. 이 책도 분명 그 과정의 일부일 것이라 생각하며 말이다.

인상 깊게 본 기사가 있다.

사람이 전혀 없는 외곽 지역에서 '정글북'에 나올 듯한 소녀를 찾았다는 기사였다. 그의 아버지라고 불리는 작자는 딸을 지하의 작은 방에 가둬 놓고, 목숨만 부지할 수 있을 정도의 음식만 넣어 주며 키웠다고 했다. 그녀에게 가족이라고는 아버지뿐이었고, 서류상 태어났다는 기록마저 없었기에 그녀의 삶은 지하의 작은 방 하나가 전부였을 것이다.

18년이라는 긴 시간이 지난 후, 우연히 지나가던 행인의 발견과 신고로 딸의 존재가 사회에 노출됐다. 이 사건은 세계적으로 큰 이슈가 다방면으로 되었는데, 그 소녀는 많은 과학자들에게 굉장히 흥미로운 연구 대상이 되었다.

  어릴 적부터 전혀 교육을 받지 않은 인간은 과연 어느 정도까지 지능 발달을 보여줄 수 있는지에 관해서 테스트해보고 싶었기 때문이었다. 세계 과학 단체는 그 소녀에게 언어를 가르치기 시작했다.

  당시 소녀는 18살이었지만 아무런 언어도 익히지 못한 상황이었으므로 갓난아기 수준의 수업부터 진행하기로 결정했다. 그래도 이미 성숙한 소녀이기에 아기보다 더 빠르게 습득할 것으로 예상했다. 그러나 몇 달이 지난 후에도 소녀의 언어 습득 능력은 제자리였다. 그리고 더 오랜 기간 노력하였음에도 결과는 안타깝게도 '언어 습득 불가'였다.

  나는 이 기사를 접하면서 시기, 즉 '때'가 얼마나 중요한지 느꼈다. 언제, 무엇을 하였는지가 미래를 바꿀 수 있다는 것이다.

  나는 15년 이상 여행을 했고, 그중 10년 동안 학생들과 여행을 했다. 오랜 기간 아이들과 여행을 하며 가장 크게 느낀 것은 '학생의 인권은 매해 올라가고 교육 시스템은 더 좋아지고 있다고 하는데, 해가 지날수록 아픈 아이들이 더 많아진다.'라는 것이다.

　우울증, 무기력증, ADHD 증세가 있는 아이들이 너무나 흔하다. 약을 안 먹는 아이들이 드물다. 인간관계를 어려워하기에 의지할 친구마저 없다.

　나는 그런 학생들과 여행하며 함께 겪고 느낀 것들을 이 책에 담아 보았다. 아이들이 여행을 하면서 한층 더 건강해지고 약에 의존하지 않게 된 것처럼, 지금 이 글이 그 '때'가 필요한 사람들에게 닿아 도움이 되기를 바란다. 그리고 나처럼 자신의 미래 모습을 기대하며 살아갈 수 있기를 바란다.

차례

프롤로그 _ 4

1. 이런 친구가 되면 좋겠어 …………………………… 9

2. 공감이란 이런 게 아닐까 …………………………… 40

3. 이러면 더 잘생겨 보이는 것 같아 ………………… 66

4. 꿈이 없을 땐 이렇게 해 봐 ………………………… 93

5. 지금은 준비할 때야 ………………………………… 115

6. 이러면 포기하지 않을 수 있을 것 같아 ………… 139

7. 후회하지 않았으면 좋겠어 ………………………… 160

마지막으로, 제 책을 읽어 주신 분들께 _ 182

똑똑똑!

깊은 밤이었다.

'이 밤에 누가 찾아온 거지? 잘못 들었나?'

똑똑똑!

'어, 진짜 밖에서 문을 두드리는데? 아무도 온다는 이야기가 없었는데… 누구지?'

이 시간에 올 사람이 없지만, 누군가가 온 것은 확실했다. 평소라면 문을 열고 누군지 확인했겠지만, 이날따라 다급한 노크 소리가 주춤하게 만들었다.

'인터폰으로 누군지 먼저 확인해야겠다.'

확인해 보니 친구였다. 보통 친구도 아니고 어릴 때부터 알고 지낸 둘도 없는 절친 도반이었다.

'한밤중에 연락도 없이 왜 온 거지?'

의아했지만 반갑기도 해서 문을 열려고 하였으나 그 순간 무언가 심상치 않은 느낌이 들었다.

'그런데… 눈빛이 이상한데?'

항상 밝은 모습으로, 작은 일에도 웃어서 왜 이렇게 바보같이 웃기만 하냐고 타박해야 했던 친구의 모습이 아니었다. 지금 문밖에 서 있는 도반이는 매우 겁에 질린 듯한 모습에 웃음기는 하나도 없었으며, 숨을 계속 헐떡이고 있었다. 그리고 마치 비를 맞은 듯 머리카락이 젖어 있었다.

'지금은 비가 오지 않는데….'

갑자기 막연한 두려움이 느껴져서 우선 인터폰을 통해 대화를 건네기로 했다.

"야, 도반아. 이 밤에 무슨 일이야?"

도반이는 답을 하지 않았다.

"무슨 일이냐니까? 어디가 아픈 거야?"

"저… 저기… 내가 좀… 그러니까… 음…."

"답답하게 왜 그래? 무슨 일 있어!?"

"내가… 좀… 도움이 필요한 일이 생겨서…."

"도움? 무슨 도움?"

"우선… 문 좀 열어 주면 안 될까? 들어가서 이야기하고 싶은데…."

"아… 들어와서? 미안한데… 가족들이 놀러 와서 지금 들어오는 건 조금 어려울 것 같아. "

　가족이 왔다는 말은 당연히 거짓말이었다. 대화를 해 보니 문을 열어 줄 상황이 아닌 것 같아서 순간적으로 떠오른 거짓말을 한 것이었다.

　"아… 그래? 집에 사람이 많아?"

　"어? 어… 지금 좀 타이밍이 좋지 않은 거 같아. 어떤 도움이 필요한지 모르겠지만, 일단 오늘은 집에 가고 내일 이야기하든 아니면 전화로 이야기하든 하는 건 어때?"

　"……."

　"도반아. 너 무섭게 왜 그래?"

　"사실… 내가 사람을 죽였어…."

　"……!"

　"그… 그래서 지금… 누가 좀 도와주면 좋겠거든? 근데… 내가 지금… 아무리 생각해도… 도움을 줄 수 있는 사람이 너만 떠오르더라고…. 혹시… 나 좀 도와줄 수 있어?"

　"내… 내가?"

　만약 위와 같은 일이 일어난다면, 독자 본인은 어떤 선택을 할 것인지 시간을 가지고 생각해 보길 바란다.

'절친이 살인을 저지르고 나를 찾아왔다.
나는 문을 열고 친구를 도울 것인가,
아니면 열지 않고 신고할 것인가?'

나는 현재 대안 교육 기관에서 아이들을 가르치고 있는데, 앞서 말한 질문은 학기 때마다 학생들과 진행하는 토론 주제이다. 이 토론의 목적은 다음과 같다.

요즘 학생들은 인간관계를 어떻게 생각할까?

인간 심리에 대한 베스트셀러인 『미움 받을 용기』에서 심리학자 아들러는 '인간의 모든 문제는 인간관계에서 나온다.'라고 하였다.
나는 집단 동물인 인간은 서로가 서로 없이 살아갈 수 없다고 생각하기에 아들러의 말에 절실하게 공감했고, 학생들을 가르치면서도 인간관계의 중요성을 알려주곤 했다.

"개인의 힘으로만 성장하고 성공하는 케이스는 없어. 내가 열심히 공부하고, 열심히 일해서 성공했다고 생각할 수 있지만, 자세히 들여다보면 그 위치까지 올라가는 데 굉장히 많은 사람들이 도움을 주었거든. 그런 주변 사람들을 볼 수 있는 시야를 가져야 하고, 감사할 줄 알아야 해. 그래서 항상 겸손해야 하며, 베풀 줄도 알아야 하는 거지."

개인주의가 심화되고 있는 요즘, '나만 아니면 돼.'라는 이기적인 생각이 강하고, 남에게 피해를 끼치는 데 무감각하며, 사람을 믿지 말라고 가르치는 어른들 속에서 우리 아이들은 주변 관계에 대해 어떻게 생각하고 있을까? 나는 이에 대해 확인해 보고 싶었다.

우리 교육 기관에서는 기숙 생활을 한다. 해외여행을 6개월간 하고, 국내여행을 4개월간 하는데, 국내에 있는 동안에도 집에 갈 수 있는 시간은 한 달에 한 번뿐이다. 즉, 1년에 4번 정도 집에 가는 것이다.

그러다 보니 입학식을 하고 나면 아이들의 표정이 대체로 어둡다. 집을 떠나 새로운 환경에 적응해야 하니 당연한 일이라고 생각한다. 아이들이 우울해하는 이유를 뻔히 알고 있음에도, 아이스브레이킹 겸 아이들에게 첫 질문을 해 본다.

"왜 이렇게 우울해 보여?"
그러면 학생들은 주로 다음과 같은 대답들을 한다.

"친구들이랑 더 많이 못 놀고 온 게 후회돼서요."

"친구한테 한동안 연락을 못 한다는 말을 못 했는데… 통화 좀 하면 안 되나요?"

"친구들이 진짜 너무 보고 싶어요."

대부분의 아이들은 친구들을 무척 그리워하고, 그들을 당분간 볼 수 없다는 사실에 우울해한다. 아이들의 대답과 표정만 봐도, 마치 소중한 사람을 잃은 듯한 모습이다.

그런데 이 아이들이, 과연 그 친구들을 정말 소중하게 생각하고 있는 걸까?
이를 확인하기 위해, 다시 토론 주제로 돌아가 보자.

주제를 보면, 아이들에게는 두 가지 선택지가 있다. 첫 번째는 문을 열고 친구를 도와주는 방법이고, 두 번째는 문을 열지 않고 경찰에 신고하는 방법이다.
나는 이 토론 주제를 처음 제시했을 때, 대부분의 아이들이 전자를 선택할 것이라 생각했다. 왜냐하면 내가 본 아이들은 친구를 정말 소중하게 생각했기 때문이다.

  그런데 놀랍게도, 학생들 중 70~80%는 후자를 택했다. '그 학교 학생들만 그런 거 아니야?'라고 생각할 수 있겠지만, 대안학교라는 특성상 다양한 지역에서 온 학생들이라는 점, 그리고 여러 해에 걸쳐 각기 다른 학생들과 토론을 진행했음에도 비슷한 결과가 나왔다는 점을 고려하면, 요즘 대부분의 학생들도 비슷한 생각을 가지고 있을 가능성이 크다.

  더 놀라운 점은, 이런 경향이 학생들에게만 국한된 것이 아니라는 사실이다. 나는 이 주제를 내 지인들에게도 질문해 보았는데, 놀랍게도 대부분이 후자를 선택했다.

  그렇다면 어떤 이유로 친구를 돕는 것보다, 신고하는 것을 택한 걸까? 후자를 선택한 사람들의 주장은 다음과 같았다.

> "아무리 친구라지만, 살인은 제가 감당하기 어려운 문제라고 생각합니다. 제가 도울 수 없는 부분인데 괜히 나섰다가 오히려 일을 더 크게 만들 수 있을 것 같습니다."
>
> "지금 친구는 살인을 저지른 상태입니다. 제가 전혀 예상하지 못한 행동을 한 것이죠. 그렇다면 그 친구는 지금 제정신이 아닐 수도 있는

"데, 괜히 문을 열었다가 저까지 해치려고 하면 어쩌나요?"

"그 친구를 어떻게 믿죠? 저는 저 자신도 잘 모른다고 생각하는 사람입니다. 그런데 어떻게 다른 사람을 믿을 수 있을까요? 아무리 친한 친구라도, 무조건적으로 믿는 건 위험하다고 생각해요."

"피해자 가족의 입장도 생각해야 한다고 봅니다. 제 친구이긴 하지만 살인을 저질렀다면, 자신의 잘못에 대한 벌은 당연히 받아야 합니다. 그래야 유가족에게 조금이나마 위로가 될 수 있지 않을까요?"

"괜히 도와주려 했다가 자칫 공범으로 엮일 수도 있습니다. 제 인생을 그만큼 위험에 빠뜨리고 싶진 않아요."

이처럼, 하나하나 틀린 말이 없는 주장들이다. 그렇다면, 상대적으로 적은 수지만 전자를 택한 사람들의 의견은 어떠할까?

"친구가 지금 도움을 원하는 상황이잖아요. 이유를 막론하고, 그 요청에 응답하는 것이 진정한 친구라고 생각해요."

"설령 살인을 저질렀다고 해도, 분명 이유가 있었을 거라고 생각합니

> 다. 물론 그 이유가 죄를 면하게 해주는 건 아니지만, 일단 문을 열고 어떤 사연이 있는지 들어는 봐야 하지 않을까요?"
>
> "이 친구는 단순한 친구가 아니라, 제 인생에서 가장 가깝고 잘 아는 '절친'이에요. 그런 친구가 저를 찾아온 건 저를 그만큼 의지한다는 뜻이기에 저는 친구와의 의리를 져버리고 싶지 않아요. 그래서 돕고 싶습니다."

전자를 주장하는 학생들의 말에는 다소 감정적인 측면이 개입되어 있다는 인상을 받을 수 있었지만, 그럼에도 충분히 공감할 수 있는 내용들이었다. 그래서인지 양측의 토론은 매우 치열하게 전개되었다.

그러나 인원수 차이 때문인지, 논리적 설득력의 차이 때문인지, '문을 열지 않고 신고해야 한다'는 쪽이 압도적으로 우세했다.

그때, 절친에게 도움을 줘야 한다는 입장의 한 학생이 조용히 질문을 던졌다.

"만약 부모가 살인을 저질렀어도, 문을 열어 주지 않을 건가요?"

질문이 끝나자마자 교실 분위기가 순식간에 달라졌다. 정적이

흘렀고, 모두가 잠시 말을 잃었다. 그러나 곧 반대 측 학생 중 한 명이 차분히 반박하며 흐름을 다시 잡았다.

"그건 주제에서 벗어난 이야기입니다. 친구와 가족은 명백히 다르니까요."

이후 주어진 시간이 지나 토론은 마무리되었다.

나는 친구를 돕지 않고 신고하겠다고 주장했던 학생들에게 질문을 던졌다.

"방금 너희가 말한 걸 보면, 살인은 감당하기 어려운 문제라서, 내가 공범이 될 수 있어서, 피해자 가족을 생각해야 해서, 결국 신고를 해야 한다고 했잖아. 그런데 왜 그 '주체'가 친구에서 가족으로 바뀌면, 너희의 답이 달라지는 걸까?"

아이들은 조용했다. 누구도 선뜻 대답하지 않았다. 잠시 침묵이 흐른 뒤, 나는 다시 물었다.

"아까 어떤 학생이 주제에서 어긋난 이야기라고 했는데, 그럼 이번엔 주제를 바꿔서 다시 생각해 보자. 만약 부모님이 살인을 저지르고, 문을 두드리며 도움을 요청한다면… 그때도 문을 열지 않을 거야?"

누구도 선뜻 대답하지 못하자, 나는 손을 들어 찬반을 나누고 생각을 공유해 보자고 제안했다.

1. 이런 친구가 되면 좋겠어

친구였을 때는 80%가 신고하겠다고 했고, 20%만이 도움을 주겠다고 답했지만, 주체가 부모로 바뀌자 '도움을 주겠다'는 비율이 70%로 크게 늘었고, '신고하겠다'는 비율은 30%로 줄어들었다.(참고로, 문을 열고 부모를 돕겠다는 비율은 매해 점차 감소하는 추세다. 가장 최근에는 '친구를 돕지 않겠다'에서 '부모는 돕겠다'로 마음을 바꾼 학생이 고작 세 명에 불과했다.)

나는 '도움 대신 신고하겠다'는 비율이 80%에서 30%로 줄어든 점에 한편으로 안도했지만, 아이들이 생각하는 관계의 깊이에 대해서는 여전히 놀라움을 감출 수 없었다.

절친일 경우에는 신고를 하겠다고 했으면서도, 부모일 경우 신고하지 않겠다고 한 학생들에게 물었다.

"왜 선택이 달라진 거지?"

"음… 아무리 그래도 가족이니까요."

"가족은 뭐가 다르지? 살인은 똑같이 큰 범죄인데, 부모가 살인을 하면 죗값이 가벼워지는 건가?"

"그건 아니지만… 저는 우리 엄마를 알거든요. 설령 엄마가 살인을 했다고 해도 이유 없는 살인은 하지 않을 것 같아요. 복수일 수도 있고 사고일 수도 있겠죠. 그리고 엄마는 저를 많이 아끼시니까, 제가 할 수 있는 일이 있어서 절 찾아오신 거 아닐까요? 저에게 해를 끼치러 온 건 아닐 거예요."

"그럼 절친은?"

"친구는 좀 달라요. 아무리 친해도 어떻게 백프로 믿겠어요."

그렇다. 가족과 친구일 때의 가장 큰 차이점은 '믿음'이었다. 전체 학생의 80%는 친구에 대한 신뢰가 부족해 도울 생각조차 하지 않았고, 더 심각한 점은 학생 중 30%는 부모에 대한 신뢰도 부족한 것으로 보였다.

실제로 30%의 학생에게 본인의 선택을 바꾸지 않는 이유를 물었을 때, 그들의 대답은 "부모도 믿을 수 없다"였다.

살인은 분명 중대한 범죄다. 하지만 나는 토론 주제를 제시할 때 '살인을 저질렀다'는 사실만 명시했을 뿐, 어떤 종류의 살인인지는 구체적으로 설정하지 않았다.

그런데 주체가 친구일 때는 뉴스나 영화에서 접하는 극악무도한 살인이나 묻지마 살인이 기본적으로 떠올렸고, 반면 주체가 부모일 때는 '이유 있는 살인' 혹은 '사고'일 것이라는 믿음이 생긴 점에서 큰 차이를 보였다.

살인은 다양한 이유로 발생할 수 있다. 실제로 끔찍하고 용서받기 어려운 범죄도 존재하지만, 의도치 않은 사고로 발생하는 경우도 있다.

예를 들어 운전 중 무단횡단하는 보행자를 미처 발견하지 못해 치었을 수도 있고, 실수로 상대를 넘어뜨려 큰 부상을 입히며 살인에 이르게 되는 경우도 있다.

또한 '이유 있는 살인'이라면, 자신이나 가족에게 큰 피해를 입힌 범죄자를 대상으로 한 복수의 경우를 들 수 있겠다.

예시가 정확한 지 모르겠지만, 가끔 기사에서 납득이 가는 사연의 살인 이야기를 접한 적이 있지 않은가. 그런 맥락이다.

물론 모든 살인은 범죄이며 죗값을 치러야 한다는 점은 분명하다. 하지만 이러한 상황이라면 문을 열었을 때 도움을 청하는 사람이 나를 해치지 않을 것이라는 믿음은 확고하다.

아이러니한 점은 친구를 신고하겠다고 말했던 아이들 중 상당수가 친구를 매우 그리워하고 있던 학생들이라는 것이다.

겉으로 보기엔 친구들과 문제 없어 보이던 이 아이들은, 사실 학교 생활 중 인간관계에 어려움을 겪고 있음을 종종 드러냈다.

이들은 이 학교에서 자신을 믿고 지지해 주거나 의지할 만한 친구가 부족하다는 점에 불만을 표했다.

나는 친구나 부모를 돕는 대신 신고를 하겠다고 한 아이들에게 추가 질문을 던졌다.

"만약 네가 살인을 저질러 절친을 찾아갔는데, 그 친구가 너를 돕는 대신 신고를 한다면 어떨 것 같아?"

역지사지로 생각해 보면, 신고를 하겠다는 80%의 학생들은 서운해서는 안 되며 상대방의 입장을 이해해야 한다.

하지만 대부분의 학생들은 "서운할 것 같다"고 답했다. 본인은 신고가 맞다고 말해놓고도, 실제로 자신이 피해자가 되면 서운함을 느끼는 것이다.

'내가 하면 로맨스, 남이 하면 불륜'이라는 내로남불이 따로 없다.

그때 한 학생이 질문했다.
"그런데 문을 열었다고 해도, 제가 대체 뭘 해 줄 수 있나요?"
나는 답했다.
"문제를 해결하려는 의지가 있다면, 방법은 언제든 찾을 수 있는 법이지."

나는 살인을 저지른 사람이 무엇을 필요로 할지 정확히 알 수는 없지만, 만약 그런 상황에 처한다면 어떤 감정을 느낄지 조금은 짐작할 수 있는 경험을 한 적이 있다.

예전에 인도에서 오토바이를 타고 있을 때였다.
뻥 뚫린 길을 신나게 달리던 중, 갑자기 하늘에서 까마귀 한 마리가 내 앞으로 날아들었다.

너무 갑작스러웠고, 거리 또한 꽤나 가까웠기에 브레이크를 밟을 시간도 없이 새를 쳤다.

동물을 치었으면 바로 멈춰 상태를 확인해야 했지만, 속도가 너무 빨라 즉사했을 것이란 생각에 멈추지 못했다. 비위가 강한 편임에도 시체를 볼 자신이 없었던 것이다.

그래서 몇 분 정도 더 달렸는데 이건 아니다 싶어 결국 마음을 추스르고 오토바이를 돌렸다. 돌아가는 길은 두려움과 무거운 마음으로 가득했다.

'괜찮아, 그럴 수 있지.' 하며 스스로를 다독이며 다가갔더니, 예상대로 까마귀는 죽어 있었다.

나는 길가에 작은 구멍을 파고 까마귀를 묻었다.

그때 머리 위로 100여 마리의 까마귀가 모여 울며 빙빙 돌았다. 마치 친구의 죽음을 애도하는 듯한 광경이었다.

이처럼, 작은 생명을 죽였을 때도 마음이 무겁고 두려우며 긴장감이 들었는데, 그 대상이 사람이라면 어떨까? 그 두려움은 몇 배로 클 것이다.

그러니 그런 사람을 따뜻하게 맞아주고, 따뜻한 물 한 잔과 이불을 건네며 긴장을 풀어주는 것만으로도 큰 도움이 될 수 있다.

또한 함께 대화를 나누며 상황을 듣고, 변호사를 알아보거나 자수를 권하는 등 다양한 방법으로 도울 수 있다.

하지만 애초에 '도움은 줄 수 없다'고 마음먹는다면 이런 생각조차 할 수 없을 것이다.

학생들과 24시간 함께 지내면서 살펴보니, 학생들이 가장 힘들어하는 문제는 인간관계란 것을 알게 되었다. 학생들은 다른 학생들과의 관계뿐만 아니라 선생님들과의 관계에서도 어려움을 느낀다. 그러다 보니 아예 인간관계 자체를 포기하는 친구들도 생겼다.

이러한 학생들이 하는 말을 들어 보면, 인간관계를 유지하는 데 감정 소비가 너무 크고, 본인들이 준 것에 비해 받는 것도 없고, 정작 친구가 필요할 때 주위를 보면 의존할 수 있는 사람이 없다는 것이다. 그래서 그냥 사람 자체에 싫증이 난다며 인간 관계는 불필요하다고 이야기한다. 어차피 인생은 독고다이니까 혼자만 열심히 살면 된다고 말이다.

나는 그런 친구들에게 인간관계를 포기하는 순간 삶이 몇 배는 더 어려워질 수 있다고 이야기한다. 그리고 팁을 전달해 준다. 인간관계에서는 무조건 'give and take', 즉 상호작용이 있어야 한다고 말이다.

이는 매우 당연하면서도 간단한 것인데, 여기서 우리는 두 가지 문제 때문에 이를 잘 해내지 못한다.

첫 번째는 give를 하고 똑같은, 또는 그 이상의 take를 기대하고 바라는 것이다.

두 번째는 give를 하기도 전에 take를 먼저 바라는 것이다.

첫 번째 예시로, 어떤 학생이 용돈으로 좋아하는 친구에게 간식을 사 주었다. 여기서 간식을 사 준 학생은 간식을 give한 것이고, 이에 대한 take로 친구에게 '고마워' 라는 인사를 받았다. 이 과정을 통해 두 사람의 사이가 한층 더 가까워지면서 옳은 거래가 되었다고 볼 수 있다.

하지만 이 학생은 간식을 give하면서 언젠가 친구에게 용돈이 생기면 자신에게도 간식을 사 주기를 바라는 take를 기대했다. 그런데 안타깝게도 간식을 받은 친구는 거기까지 생각하지는 못했고, 결국 둘의 관계는 틀어졌다. 너를 위해 과자를 사 줬는데 왜 너는 나에게 그렇게 해 주지 않았느냐고 따지는 마음이 문제였던 것이다.

우리는 봉사를 할 때 시간과 노력, 그리고 때론 자신의 돈까지 써 가며 누군가를 돕는다. 그리고 거기서 받는 take는 '보람'이다. 봉사를 하면서 그들이 언젠가 나에게도 그런 봉사를 해 주길 바라지는 않는다. 관계에서도 마찬가지라고 생각한다. 내가 give를 할

때 같은 것을 take할 것이라고 생각하면 안 된다. 즉, 우리는 관계를 형성할 때 상대가 나에게 똑같은 행동으로 갚을 것이라는 계산적인 생각은 버리는 것이 좋다.

두 번째 예시로, 또 다른 학생은 자신을 항상 믿어 주고 지지해 주는 친구를 원했다. 하지만 자신의 주위에 그런 사람은 없는 것 같다며 항상 낙심해 있었다.

그런데 그 학생과 대화를 해 보면 그런 친구가 없을 수밖에 없는 이유가 금방 나온다. 그 학생은 스스로 사람을 믿지 못한다고 말한다. 사람을 믿지 못하는 이유로 본인과 어울렸던 친구들이 한순간 다 떠나갔던 경험을 이야기하면서, 어차피 정을 쏟아도 사람들은 다 자신을 떠난다고 이야기한다. 그렇기에 누구에게 정을 주고 싶지 않다는 것이다. 이 학생은 스스로 누군가를 믿지도 못하고 응원할 줄도 모르면서, 자신에겐 그런 사람이 생기길 바라고 있다. 먼저 give를 하지 못하면서 take만 바라는 상황이다.

내가 먼저 누군가를 100% 믿지 못하고 상대를 위해 희생할 마음이 없다면, 나를 항상 믿어 주고 지지해 주는 사람을 얻을 수 없다. 사람은 생각보다 예민하다. 가끔 이런 경험이 있지 않은가. 모임 내에 마음에 들지 않는 사람이 있지만 원활한 사회생활을 위해 겉으로 티를 내지 않으며 지냈던 경험 말이다.

그런데 신기하게도 나는 감정을 잘 숨기고 있다고 생각했는데, 나중에 알고 보면 상대는 이미 내가 싫어한다는 것을 알고 있다. 다른 이들과 같은 웃음, 같은 눈빛, 같은 분위기를 낸다고 생각하지만 상대는 다름을 감지한 것이다. 이처럼 내가 누군가를 100% 믿지 못한다면 상대도 이를 느낄 수밖에 없고, 상대도 나를 신뢰할 명분이 없어지게 된다.

예전에 인도 여행을 하면서 만난, 정말 대단한 친구 이야기를 해 주고 싶다.

나는 인도에 대해 좋은 인식을 갖고 있지 않은 대부분의 사람들처럼, 인도와 인도 사람들에 대한 선입견을 가지고 있었다.

처음 인도에 갔을 때는 중학교 2학년이었는데 그때가 2006년이었으니, 유튜브나 뉴스가 아직 지금처럼 널리 퍼져 있지 않았기에, 선입견이 생긴 건 그런 정보 때문이 아니었다. 오히려 인도로 떠나기 전에 네팔에서 만난 여행객들의 이야기가 마음속에 자리를 잡았다. 그들의 말이 선입견의 씨앗이 되어 조용히 마음 한 켠에 남아 있었던 것이다.

그들은 나에게 인도가 얼마나 비위생적이고 더러우며, 사람들이 얼마나 돈을 밝히고 사기를 많이 치는지 말해 주었다. 거기에 있던 모든 여행객들이 최소 한 번씩은 사기를 당해 봤고, 심지어 한 여성분은 인도인이 권했던 차를 마시고 기억을 잃은 후 돈을 다 잃어버리기도 했다는 이야기를 하며 인도가 얼마나 여행하기에 나쁜 나라인지를 알려주었다. 그러면서 오히려 네팔은 천국이라는 이야기를 했다.

나에게 마지막 말은 굉장히 충격적이었다. 네팔은 이미 나에겐 지옥이었기 때문이다.

'냄새도 심하고 더럽고 비위생적인 네팔보다 더한 곳이 있다고?'

상상도 못할 정도라서 인도를 여행지에서 빼고 싶었지만, 당시 중학교 2학년이었던 나에게 그 정도의 선택권은 없었다. 결국 나는 그 끔찍하다는 인도에서 1년 반이라는 시간 동안 여행을 했다.

네팔에서 만난 여행객들 말처럼 인도를 여행하며 사기꾼들을 많이 만났다. 그리고 이러한 경험을 통해 나는 '사람은 믿을 수 없다.'라는 가치관을 세우게 되었다.

부모님께서는 인생을 살아가는 데 가장 큰 영향을 끼치는 존재는 결국 사람이기에 다른 사람들을 믿어야 한다고 가르치셨지만,

인도에서의 경험은 나를 반대의 길로 인도했다.

  누군가 악마는 친절이라는 가면을 쓰고 다가온다고 말했던 것 같은데, 호의를 베푸는 인도인들은 꼭 무언가 바라는 것이 있었다. 여기에는 한 명의 인도인도 예외가 없었고, 그런 경험을 꾸준히 하다 보니 누군가가 나에게 도움의 손길을 주려고 접근하면 관계를 차단하려는 습관이 생겼다. 어쩔 수 없이 도움을 받게 되더라도 '이 사람이 나를 도와주는 데는 다른 목적이 있을 거야.'라는 생각부터 들었고, '터무니없는 것을 요구하면 어쩌지?'라는 걱정부터 들다 보니 의심의 눈초리를 거둘 수 없었다. 그리고 인도에서 이러한 예상은 틀린 적이 없었다. 딱 한 번을 제외하고 말이다.

  이후 다시 인도를 찾게 된 것은 대안학교 때문이었다. 우리 대안학교는 세계 여행을 하는 교육기관이고, 인도는 여러 가지 단점이 있지만 명상의 나라답게 인내심을 키우기에는 가장 좋은 나라이며, 아무래도 인도에서 오랜 시간을 여행한 만큼 제일 잘 알고 있으므로 자주 찾게 되었다.

  학교에서 여행을 갈 때는 30명 정도 되는 학생들과 동행해야 하므로 숙소를 미리 예약해야 하는데, 한 번은 예약한 숙소에 도착해 보니 사진과는 너무 딴판인 곳이었다.

  물론 이런 상황이 종종 발생하고는 하는데, 이곳은 심해도 너무나 심했다. 집도 거의 허물어져 있었고 곰팡이와 벌레가 사방에 들끓어서 돈 내고 지낼 만한 곳이 아니었다. 그래서 '역시 인도인들…'이라는 생각을 하면서 숙소 매니저에게 대체 여기서 어떻게 지내냐고 따졌다.

하지만 매니저는 너무나 당당했다. 사진은 당연히 조금 다를 수 있는 것이고, 그 정도는 감안해야 한다고 말이다. 그러면서 우리 때문에 다른 예약을 받지 못해서 환불은 해 줄 수 없으니, 군말 없이 지내든가 아니면 그냥 가도 상관없다고 했다. 돈이라도 지불하지 않았다면 당당하게 따지고 다른 숙소를 찾아보았을 텐데 예약 확정을 위해 돈을 이미 지불한 상황이다 보니 이 다툼에서 갑은 숙소 주인이었다. 그렇지만 어떻게든 돈을 환불받기 위해 실랑이를 이어갔다.

그러던 중에 한 인도인이 다가왔다. 누가 봐도 인상이 선하고 키가 훤칠한 사람이었다. 그는 자초지종을 듣더니 매니저에게 인도어로 뭐라고 했고, 말을 들은 매니저는 퉁명스러운 표정을 보이고는 사라졌다. 그런 후 우리에게 본인이 호텔을 운영하는데 괜찮다면 자신의 숙소에서 머무르라고 제안했다.

우리는 딱히 다른 선택지가 없었고 추가적으로 금액을 내지 않아도 된다는 말에 그를 따라갔다. 그의 숙소는 예약했던 숙소보다는 공간이 많이 작았지만, 훨씬 더 깔끔하고 지내기에 충분한 수준이라 그 곳에서 지내기로 했다. 우리가 쓸 수 있는 숙소를 찾았다는 것에 안심했지만, 동시에 우리에게 호의를 표한 인도인에 대한 불안감이 커져만 갔다.

'대체 왜 우리를 도와준 거지?'

'그 숙소 매니저에게서 돈은 잘 받았을까?'

'나중에 괜히 그 쪽으로부터 돈을 못 받았다고 하면서 달라고 하는 거 아냐? 아니면 마지막에 이거 추가, 저거 추가해서 덤탱이를 씌우려는 것이 아닐까?'

지내는 동안 이러한 걱정이 꾸준히 커져 갔는데, 그럴 수밖에 없었던 이유는 거기서 지내는 동안 이 인도인이 우리에게 너무도 많은 호의를 베풀었기 때문이다. 갑자기 우리 모두에게 식사를 제공해 준다거나 다른 활동을 할 때 흥정을 도와주는 등 대체 얼마나 큰 보상을 바라는지 의심이 들 수밖에 없는 상황들이 반복적으로 발생했다.

일정이 끝나는 마지막 날, 나는 긴장되는 마음으로 키가 훤칠한 인도인에게 고맙다고 전하면서 혹시 우리가 추가로 낼 금액이 있는지 물었다.

그런데 그의 대답은 충격적이었다. 본인이 더 의아해하면서 어떤 부분에서 돈을 추가로 내야 한다고 생각하느냐고 묻는 것이었다.

내가 여러 가지 도움받은 것들을 이야기하자, 자신은 무언가를 받으려고 했던 행동이 아니었고 본인의 나라에 놀러 온 것이니 자신의 도움은 당연한 것이었다고 답했다. 그러면서 본인이 한국에 놀러가면 똑같이 해 주지 않겠냐는 말을 덧붙였다.

2주라는 기간을 보내면서 나름대로 친분을 쌓아 친구라고 할 수 있는 관계가 되었기에 당연히 우리나라에 놀러 온다면 그 정도는 해 줄 수 있을 것 같았지만, 그래도 우리는 인원이 많고 2주라는 기간 동안 여러 가지로 많은 도움을 받았기에 그에 맞는 비용을 내야 한다고 생각했다. 돈을 더 내면 어쩌지 하고 걱정했던 내가 아이러니하게 돈을 더 줘야겠다는 마음을 가지게 된 것이다.

그러나 그는 한사코 돈을 거절했다. 괜히 뭔가 빚을 진 느낌이 들었고, 나는 빚지고는 못 사는 성격이다 보니 어떻게 해야 할까 고민을 하다가 돈을 숙소 내에 숨겨 놓고 나왔다. 그런데 그는 우리가 떠난 후 방을 청소하다가 이를 발견하고는 끝까지 우릴 쫓아와 돈을 던져 주고 사라졌다. 이것이 인도 친구 '비샬'과의 첫 만남이었다.

10년 가까이 지난 지금도 여전히 인도에 갈 때면 비샬과 만나 시간을 갖는다. 그리고 여전히 비샬은 우리에게 꾸준한 호의를 베풀고 있으며, 숙소 비용마저 받으려 하지 않는다. 물론 나는 그러한 비샬을 알고 있기에 다양한 방법으로 호의를 갚고 있다.

한 번은 첫 만남에서 충격적인 호의를 베풀어 준 이유를 알고 싶어서 비샬에게 물어보았던 적이 있다.

"비샬, 저는 당신이 지역 내에서 인지도가 있는 것을 알고 있습니다. 어려운 사람들을 도와주고, 열심히 인력거를 끌며 하루를 살아가는 사람들에게 술 한 잔 할 수 있는 돈을 주기도 한다고 들었어요. 물론 그들에게 돈을 빌려주는 것이라고 하지만, 그들은 갚을 생각도 없고 그럴 능력도 없다는 걸 알고 있지 않나요? 왜 그럼에도 꾸준히 돈을 빌려주고 있는지, 그리고 심지어 외국인이라서 언제 다시 볼지도 모르는 저희에게도 그렇게 베풀어줄 수 있었는지 참 궁금합니다. 이런 호의를 악용하여 사기를 치는 사람들도 많았을 것 같은데요?"

"사기 많이 당했죠. 아직도 돌려받지 못한 돈이 꽤 됩니다."

"그런데도 여전히 이렇게 사람들을 믿고 베푼다고요? 어떻게 그럴 수 있나요?"

"저는 항상 똑같은 방식으로 사람들을 대합니다. 누군가는 내가 베푸는 만큼 나의 가치를 알고 소중하게 대해 주기도 하고, 누군가는 나를 통해 받은 이익만 보고 관계를 정리하기도 하지요. 이익만 보는 사람들은 나의 가치를 보지 못하는 사람들입니다. 그런데 제가 10명에게 똑같이 대했다고 가정해 봅시다. 그 중에 단 한 명이라도 나의 가치를 알아주고, 나와의 관계를 중요하게 여긴다면 저는 성공적인 투자라고 생각합니다. 9명을 잃어도 괜찮아요. 인생을 살아가는 데 있어서 내 사람은 한 명만 있어도 성공적이라고 생각하니까요."

비샬과의 대화를 통해 나는 시야가 한층 더 넓어질 수 있었다.

'내가 사람을 꾸준히 의심하고 믿지 못하면서, 한편으로는 나를 믿어 주는 사람이 나타나길 바라고 있었구나!'

이 챕터의 주제 '살인을 저지른 친구를 도울 것인가, 신고할 것인가'로 돌아가보자. 우리 모두는 나를 항상 응원해주고, 믿어주는 사람이 존재해 주길 바란다. 하지만 많은 사람들이 그런 사람을 얻기 위해선 본인이 우선 변해야 한다는 것을 인지하지 못하고 있다. 그런 사람을 갖기 위해서는 상대에게 원하는 것을 내가 먼저 해줄 수 있는 사람이 되어야 한다. 좋은 사람, 그리고 믿을 수 있는 사람을 옆에 두고 싶다고 백날 이야기하면서 내가 먼저 상대에게 그런 사람이 되어 주지 못한다면 그건 단지 욕심에 불과하다.

나는 '좋은 사람 주위에는 좋은 사람이 꼬인다'는 말을 믿는다.

그리고 우리 아이들이 그 중심에 있기를 바란다. 가끔 생각하는 대로 관계가 흘러가지 않고, 가끔 다른 이로부터 상처를 받을 지라도 이를 진정한 '내 사람'을 찾기 위한 배움의 과정이라 생각하고 굳건히 걸어 나갈 수 있기를 바란다. 먼저 배려하되 욕심은 버리고, 기대를 낮추고, 상대를 이해하려고 한다면 모두에게 그런 사람이 선물처럼 찾아올 것이다.

내가 가장 좋아하는 시를 마지막으로 이번 장을 마무리하겠다.

그대 그런 사람을 가졌는가

함석헌

만리 길 나서는 길
처자를 내맡기며
맘 놓고 갈 만한 사람
그 사람을 그대는 가졌는가

온 세상이 다 나를 버려
마음이 외로울 때에도
"저 맘이야" 하고 믿어지는
그 사람을 그대는 가졌는가

탔던 배 꺼지는 시간
구명대 서로 사양하며
"너만은 제발 살아다오" 할
그 사람을 그대는 가졌는가

불의의 사형장에서
"다 죽어도 너희 세상 빛을 위해
저만은 살려 두거라" 일러줄
그 사람을 그대는 가졌는가

잊지 못할 이 세상을 놓고 떠나려 할 때
"저 하나 있으니" 하며
빙긋이 웃고 눈을 감을
그 사람을 그대는 가졌는가

온 세상의 찬성보다도

"아니" 하고 가만히 머리 흔들 그 한 얼굴 생각에

알뜰한 유혹을 물리치게 되는

그 사람을 그대는 가졌는가

공감이란
이런 게 아닐까?

"쌤, 이번에 축구는 뭔가 걸고 하면 어때요?"
"뭐 작은 거라도 걸어 볼까? 너네 뭐 걸 수 있는데?"
"저희가 정산을 좀 잘해서 음료수는 걸 수 있어요. 아, 개인당 하나씩은 좀 어렵고, 진 팀이 1.5리터 음료 한… 2개 사기 어때요?"
"나는 뭐 오케이지. 어차피 질 생각이 없거든."
"에이, 맨날 지시면서."

나는 축구를 좋아한다. 가정에서 부모의 역할이 참 중요하다고 느끼는 게, 우리 학생들도 그런 나를 닮아서 축구를 좋아한다. 축구를 한 번도 해 본 적 없는 친구들, 축구에 재능이 없는 친구들, 심지어 축구를 보지도 않던 친구들마저 우리 학교에 온 후에는 축구를 좋아하게 된다. 이는 내가 축구를 좋아하다 보니 기회가 생길 때마다 아이들과 축구를 했기 때문이라고 생각한다.

학교에서 아침 운동을 할 때 기본적으로 조깅을 한다. 기초 체력을 늘리는 데는 달리기가 가장 좋은 운동이라고 생각하기 때문이다. 조깅을 한 후에는 주로 피구나 이어달리기 같은 경기를 하는데, 공간적 여유가 생기는 경우 축구를 주로 한다. 그리고 축구를 좋아하는 아이들이 많아지면서 아침 운동을 할 때뿐만 아니라 저녁에도 가끔 축구를 하곤 한다.

   그러던 중 사건이 발생했다.
   그날 저녁에 축구를 하자고 한 학생들은 9명 정도로, 나를 포함해서 10명 정도 되었다. 우리는 근처 풋살장에서 경기를 하기로 했는데, 그냥 하면 재미가 없으니 음료수를 걸고 게임을 진행하기로 했다.

   참고로, 우리 학생들은 정산이라는 시스템을 통해 용돈을 번다. 정산은 매주 진행되는데, 한 주 동안 수업에 잘 참여하고, 숙제를 잘 하고, 기본적으로 해야 하는 시간엄수, 일기 쓰기, 영어 단어 독해 시험 패스 등을 잘하면 이 모든 것을 돈으로 환산하여 용돈을 벌 수 있다. 반면 이런 것들을 잘 하지 못한다면 패널티가 쌓이기 시작하면서 돈을 벌지 못할 수도 있고 빚더미에 앉기도 한다.
   이번에 음료수 내기를 하자고 하는 걸 보니 전반적으로 정산을 잘한 모양이다. 아니면 나처럼 절대로 질 생각이 없던가.

나는 매 순간 경기를 치열하게 한다. 누군가는 왜 그렇게 과하게 하냐고 할 수 있지만, 솔선수범은 내가 생각하는 가장 좋은 교육 방법이고 매 순간 열정적으로 임하는 모습은 아이들에게도 좋은 예시가 된다고 생각한다.

요즘 아이들 대부분은 '열정'이 없다. '아침 운동인데 왜 그렇게까지 열심히 해야 해?', '고작 우리끼리 하는 축구 경기고 이걸로 내가 얻는 게 뭔데?', '그냥 슬슬 하면서 시간이나 보내야지.'라며 대충 하려는 모습을 종종 보인다.

그런데 대충 하는 것도 결국 습관이다. 열정도 가져 본 사람이 갖는 것이지, 한 번도 열정적으로 무언가를 해 보지 않은 사람은 열정을 갖기 어렵다. 열정이 없는 사람은 중간고사 때는 '기말보다는 덜 중요하니까 괜찮아.' 기말고사 때는 '이게 수능도 아니고. 괜찮아.' 수능시험 때는 '수능 못 본다고 인생 망하는 거 아니잖아? 요즘 대학 갈 방법도 많고.'라고 하면서 꾸준히 변명을 하고 자기합리화를 하게 된다.

그렇기에 나는 항상 아이들에게 말한다. 작은 일이라도 매 순간 열정적으로 임하라고, 열정을 습관으로 만들라고 말이다.

말 잘 듣는 아이들 덕분에 이날 경기 역시 치열하게 진행되었다. 내기로 걸린 음료수는 불타는 경기에 뿌린 휘발유나 다름이 없었고 말이다. 경기 시간은 1시간을 넘기고 있었고, 스코어는 3대 3으로 동점이었다. 20분, 30분이 흘러도 추가 점이 나오지 않아서 결국 우리는 골든볼을 하기로 했다. 어느 팀이든 한 골을 넣으면 승리를 가져가는 것이다. 열심히 경기를 이어 가던 중 우리 팀 골키퍼가 골라인 밖에서 공을 손으로 잡게 되었다.

축구 규칙을 모르는 분들께 설명을 간단하게 하자면, 축구 경기에서 유일하게 손으로 공을 건드릴 수 있는 선수는 골키퍼인데 골키퍼는 정해진 골라인 안에서만 손을 쓸 수 있고 그 밖에서는 다른 선수들과 마찬가지로 손을 사용할 수 없다. 만약 골라인 밖에서 손을 사용하면 '핸들링 파울'이 주어지며, 상대팀은 골키퍼가 손으로 공을 잡은 지점에서 프리킥을 얻게 된다.

나는 심판 없이 하는 경기라서 상대 팀 아이들이 못 봤을 수도 있겠다는 생각에, 아무 일 없었던 것 마냥 빠르게 경기를 재개하려고 했다. 그러나 그건 오산이었다.

상대팀은 바로 "파울!"을 외치며 달려들었고, 우리는 이 상황이 핸들링 파울인지에 대해 언쟁을 펼치기 시작했다. 골대와 너무 가까웠기에 이 파울을 인정하면 골을 내어 주는 것과 다름이 없었고 골든볼 경기라서 실점은 바로 패배로 연결되므로 절대로 양보할 수 없었다.

"쌤, 파울인 거 아시잖아요. 제가 딱 봤어요. 라인 밖에서 공 잡는 거!"

"아니 뭔 소리야. 내가 바로 앞에 있었는데. 정확히! 라인 안에서 잡았어."

"진짜 이렇게까지 하셔야 해요? 누가 봐도 파울이 맞잖아요!"

"내가 진짜 다른 거면 인정하겠는데 이건 진짜 파울 아니었어. 골라인 안에서 잡았다니까? 너희가 뒤에서 봤으니까 잘못 본 거야."

"무슨 소리예요! 어디서 봐도 밖에서 잡았는데! 이건 진짜 양보 못 해요!"

치열했다. 상대팀의 한 친구가 이 말을 하기 전까지 말이다.

"아니 근데, 막상 당사자는 왜 입 다물고 있어요? 본인도 파울인 거 아니까 말 못 하는 거 아니에요? 당사자한테 물어보면 되잖아요!"

나는 그 제안이 무척이나 반가웠다. 당사자는 우리 편이지 않은가? 이건 너무나 좋은 제안이 아닐 수 없었다.

"그래! 물어보자. 너 공 어디서 잡았어? 골라인 안이야, 밖이야?"

그런데 나는 머뭇거리던 그 친구에게서 원하지 않던 답을 들었다.

"어… 저… 골라인 밖에서 잡았어요."

"그거 봐요! 당사자가 골라인 밖에서 잡았다고 하잖아요! 파울 맞네!"

상대 팀은 그 말을 듣자마자 신나서 날뛰었고, 나는 말문이 막혔다. 우리 팀이 인정을 한 마당에 더 이상 우길 수도 없어서 프리킥을 줄 수밖에 없었다. 우리는 결국 패했고, 음료수를 사 줬다.

하지만 나는 진 것보다 어떻게 저 상황에서 저렇게 말을 할 수 있는지가 더 신경 쓰였다. 이해하려고 해도 도통 이해가 되지 않았다. 그래서 그 학생에게 불만을 토했다.

"아니 대체 거기서 그렇게 말을 한 이유가 뭐야? 경기 도중에 그런 상황이고, 우리 팀 모두가 파울이 아니라고 주장하고 있었잖아. 그러면 너는 같은 팀으로서 맞다고, 파울 아니라고 주장할 수 있었던 거 아니야?"

그 친구는 한동안 억울하다는 표정을 짓고 있다가 입을 열었다.

"그런데 쌤, 솔직히 저는 왜 제가 비난을 받아야 하는지 모르겠는데요? 저는 정직하고 싶었습니다. 거짓말을 하면서까지 이기고 싶지는 않았어요. 그런데 정직한 것이 문제가 되나요?"

나는 말문이 막혔다. 틀린 말이 아니었기 때문이다. 반문을 하고 싶었지만 명쾌한 답이 떠오르지 않아서 나중에 다시 이야기를 하자고 했다.

그 이후 머리가 굉장히 복잡해졌다. 정직하고 싶다는 학생에게 "응, 정직하지 말았어야 해."라고 말을 할 수는 없는 노릇이었다. 또 그렇다고 해서 그 행동이 옳다는 느낌은 들지 않았다. 그러면 축구 경기를 하는 선수들은 모두 다 정직하지 않은 사람들일까? 나는 항상 그런 상황에서 팀 의견을 따르고는 했는데, 그게 잘못된 것이었을까?

이 문제는 나를 계속 괴롭혔다. 경기를 하는 도중 내 팀을 위해서, 내 사람들을 위해서 말을 하는 것이 당연하다고 생각했는데, 지금까지 가지고 있던 생각이 틀린 것인가.

만약 틀리지 않는다면 어떻게 말을 해야 그 학생도 납득할 수 있을까. '정직'이라는 단어는 부정하기엔 너무나 큰 단어였다. 나는 그 학생이 아직 어리기에 뭘 몰라서 그런 것이니 '사회 생활하다 보면 저절로 알게 되겠지.' 하고 그냥 넘어가야 하나 생각했다. 답이 떠오르지 않았기 때문이다. 오랜 고민을 했지만 결국 이 문제를 해결하지 못한 채, 내 기억 속에서 점차 잊혀져 갔다.

그런데 이 주제가 며칠 후에 선생님들과 회의를 하는 시간에 다시 수면 위로 올라왔다. 한 여자 선생님이 당시 축구 이야기를 들었는데, 본인도 그 학생의 '정직하게 경기를 하고 싶었다는 마음'이 옳은 것 같다며 오히려 거기서 뭐라고 한 내가 이해가 안 된다고 말한 것이다.

나는 잊고 있던 이야기가 기억나면서 다시 충격에 휩싸였다. 이번 충격은 전보다 조금 더 컸는데, 그 이유는 그런 생각을 하는 사람이 비단 어린 사람들만이 아니라는 것을 알게 되었기 때문이다. 오랫동안 가지고 있는 가치관이 흔들리는 듯했다.

지구가 평면이라고 생각했는데, 다른 누군가가 둥글다고 주장한 것을 들었을 때 이랬을까? '아직 어린 학생이라서 그렇게 생각할 수 있지.'라고 생각하고 넘어가려 했는데, 다 큰 성인도 이렇게 생각한다고? 이렇게 생각하는 사람이 혹시 더 많을까?

나는 그 이후, 과연 나와 다른 생각을 가진 사람이 얼마나 될까 궁금해져서 학생들과 토론도 해 보고, 심지어 학교 졸업식에서 학부모님들을 대상으로도 토론을 했다. 매번 결과는 50 대 50. 이러한 결과를 두고 나처럼 생각하는 사람이 반이나 된다는 생각보다는, 나와 다르게 생각하는 사람이 저렇게 많다는 점에 오히려 놀랐다.

그들의 답은 대부분 다음과 같았다.

"정직하게 경기하는 것이 옳은 것이라 생각합니다. 그게 바로 진정한 스포츠맨십이고, 정직하지 못한 채로 이긴다면 차라리 지는 게 낫습니다."

맞는 말이다. 이 점에는 나 역시 동감하는데, 여전히 내 행동이 잘못되었다고 인정하기가 어려웠다. 그 이후 여러 사람들을 만나고 나의 고민을 전하며 누군가는 나를 이해시켜주길 바랐지만 아쉽게도 나를 논리적으로 이해시켜서 생각의 전환을 해 줄 사람을 만나지 못했다. 그러다가 이 문제를 친한 친구 세 명에게 물어보게 되었다. 똑같이 상황을 들려주었는데, 그 중 한 친구는 나와 같은 의견을 가지고 있었지만 나머지 두 친구는 상반된 의견을 가지고 있었다.

나와 같은 의견을 가지고 있던 친구는 다음과 같이 말했다.
"축구 경기를 하다 보면 그런 일은 비일비재하고, 축구라는 게 뭐야? 팀 경기 아니야? 팀 경기면 일단 팀의 의견을 따라 줘야지. 그 와중에 본인의 정직을 택했다고? 이기적인 행동이지, 그건. 팀 경기에서 그런 행동을 하면 팀 사기를 떨어뜨리는 일이잖아. 같이 으쌰으쌰 해도 모자랄 마당에 말이야."

반대 의견을 가지고 있던 친구들은 다음과 같이 말했다.

"정직하게 경기를 해야지. 정직하게 행동한 것이 어떻게 이기적인 행동이냐? 그렇게 이기면 기분이 좋기는 하겠냐? 그리고 너는 명색이 선생이라는 사람이 아이들에게 정직하지 말라고 가르칠 거야?"

둘 다 너무나 맞는 말이었다. 두 가지 의견을 들은 후 나는 오랜 고민에 마침표를 찍기로 했다. 이 주제는 종교나 정치처럼 너무나 다른 가치관이라서 누가 틀렸다기보다는 그냥 서로 '다른 것'이구나 하고 말이다. 그렇게 여기고 이 부분에 대해서는 더 이상 대화를 하지 말아야겠다고 생각했다.

그런 와중에 문득 다음과 같은 생각이 들었다.
'나와 같은 의견을 가진 친구는 왜 그런 의견을 내세웠을까?'
그 친구와 나의 공통점에 대해 생각해 보았다. 그러다가 떠오른 그 친구와 나의 공통점은 바로 '축구'였다. 둘 다 축구를 굉장히 좋아한다.
'어쩌면 그렇기 때문에 축구라는 상황에 더 몰입할 수 있게 된 게 아닐까?'
그 생각을 떠올리고 나니 질문 방식을 바꿀 수 있게 되었다. 그래서 곧바로 의견이 달랐던 친구에게 질문을 바꿔 물어보았다. 그 친구는 고등학교 때까지 복싱을 하던 친구였다.

"그러면 이렇게 물어볼게. 네가 복싱 시합을 하던 중에 파울을 한 거야. 솔직히 너도 파울이란 것을 알지만 경기를 이기고 싶고, 경고가 누적되면 결코 이득이 아니니까 너는 이게 무슨 파울이냐고 심판에게 항의하게 된 거지. 그런 와중에 갑자기 네 코치가 뒤에서 그 모습을 보다가 '야, 그거 파울 맞잖아. 알면서 왜 그래?'라고 말한다면 어떨 것 같아?"

그러자 그 친구의 답이 달라졌다.

"그렇게 말하니까 바로 공감되는데?"

친구의 답을 듣고 나니 문제의 답을 찾은 느낌이었다. 원인은 바로 공감이었다. 지난 축구 경기에서 서로 의견이 달랐던 이유는 '공감'하는 부분이 서로 다르기 때문이었다.

그러고 보니 질문을 했던 사람들 중 나에게 공감했던 사람들은 축구를 잘 알거나 좋아하는 사람들이었고, 공감하지 못했던 사람들은 축구를 좋아하지 않거나 관심이 없는 사람들이었다.

인공지능이 가지지 못하는 인간의 고유 능력이라고 하는 '공감'은 내가 생각하는 것보다 굉장히 강력한 녀석이었다. 우리 인간은 '공감'에 따라 모든 것을 이해할 수도 있고 그렇지 않을 수도 있는 것이다.

몇 년 전 인터넷에서 미국의 한 부부가 연쇄 살인이라는 중범죄를 저질렀다는 기사를 보았다. 헤드라인과 기사에 있는 부부의 사진을 보고 '진짜 생긴 대로 사는구나.'라는 생각을 했던 것 같다.

누구나 인정하겠지만 살인이라는 것은 결코 '정직한 행위'라고 볼 수 없다. 그런데 연쇄 살인이라니…. 한 명도 아니고 여러 명을 살해했다는 것이다. 이 부부는 큰 벌을 받아야 마땅하고, 모든 사람들의 비난을 받아도 될 자격을 완벽하게 갖추었다.

그런데 이들은 벌은 받았지만, 그와 동시에 많은 사람들의 환호와 지지도 받았다. 어떻게 된 일일까?

그 이유는 부부가 살해한 피해자들이 '소아성애자'들이었기 때문이다. 살해된 피해자들은 어린 아이들을 대상으로 여러 건의 범죄를 저지른 사람들이었고, 부부는 그 사람들을 사회에서 배척한 것이었다.

이들이 마지막 재판을 마치고 나오며 기자의 질문에 답을 한 것이 무척 인상적이었다.

"마지막으로 하고 싶은 말이 있을까요?"

"한 명이라도 더 많은 소아성애자를 죽이지 못한 것이 한스럽습니다."

미국뿐만 아니라 이 뉴스를 접한 전 세계 사람들은 열광했다. 아이러니하지 않은가? 살인을 저질렀음에도 사람들에게 환호를 받은 것이다. 이처럼 극악무도한 연쇄 살인을 저질렀음에도 사람들에게 오히려 박수를 받을 수 있었던 이유는 많은 사람들이 '소아성애자'는 세상에 존재하지 말아야 한다는 것에 '공감'했기 때문이다.

이번에는 좀 더 일상적인 예시를 들어 보겠다. 우리나라는 도로마다 도로교통법상 정해진 속도가 각각 다르다. 고속도로 같은 경우는 100 또는 110이며, 국도 같은 경우는 60 또는 80으로 정해져 있다. 그럼에도 운전자들 중 이러한 규정속도에 맞추어 운전하는 사람은 그리 많지 않다.

하지만 과속하는 운전자들도 규정 속도를 준수하는 순간이 있는데, 이는 바로 '과속 카메라'가 있을 때이다. 그런데 그렇다고 해서 이런 운전자들을 보고 범법을 행하는 '정직하지 않은' 사람들이라고 생각하지 않는다. 운전을 하는 사람들은 모두 '이 정도는 괜찮아'라고 공감하기 때문이다. 하지만 이 상황을 운전을 하지 않는 사람에게 이야기한다면 답은 달라질 수 있다.

예를 들어 운전을 하지 않는 10살 아이에게 "도로교통법으로 정한 속도를 무시하며 운전하는 사람들은 정직한 운전자일까요, 아닐까요?"라고 묻는다면 그 아이는 "정직한 운전자가 아니에요."라고 답을 할 것이다. 운전을 해 본 적이 없기에 당연히 나올 수 있는 답변이다. 10살 아이는 운전자들에게 '공감'을 하지 못하는 것이다. 결국, 우리가 말하는 '정직'이라는 것은 상대적이라는 말이다.

그런데 갑자기 위와 같은 예시들을 들으면 헷갈릴 수도 있겠다.
'그렇다면 지금은 학생들에게 공감을 해야 하므로 각자 가지고 있는 정직함에 대한 소신은 버려야 한다는 건가?'

처음으로 이 문제에 대해 고민하며 아이들과 토론했을 때 어떤 학생은 울기도 했다. 본인은 지금까지 정직하라고 배웠는데 왜 정직하지 말라고 가르치시는 거냐며 말이다.
그런데 나는 정직하지 말라고 이야기하는 것이 절대로 아니다. 물론, 본인의 소신을 버리라는 말 또한 아니다. 단지 어울려 사는 사회에서 상대에게 먼저 공감할 줄 알고, 그 다음으로 정직할 타이밍, 즉 내 가치관을 내세울 때를 잡을 줄 알아야 한다는 것이다.

인간관계를 만들어 가는 데에 있어서 '공감'은 필수 요소 중 하나라고 생각한다. '공감'을 하지 못한다면 대화하고 싶은 사람 리스트에서 또는 같이 일하고 싶은 사람 리스트에서 과감하게 지워질 수 있다.

예로, 한 친구가 다음과 같은 말을 했다고 가정해보자.

"회사에 지각 세 번 했다고 과장님이 너무 뭐라고 하셔. 본인은 평생 살면서 지각 한 번 안 했나? 엄청난 실수도 아닌데 왜 그렇게 뭐라고 하는지, 진짜 짜증 나 미치겠어."

이 말에 대해서 당신이 생각하는 답변은 무엇인가? 만약 시간 엄수의 중요성이라는 가치관이 우선적으로 튀어나와 다음과 같이 말한다면 어떻게 될까?

"야, 사회생활하는 데 시간 엄수는 기본이야. 그런 기본도 못 하면서 사회생활을 한다고 할 수 있겠어? 근데 심지어 한 번도 아니고 세 번이나 지각했다고? 축구도 옐로 카드 두 장이면 레드 카드야, 알아? 내가 보기에는 너희 과장님이 부처다."

이 경우 아마 당신은 앞으로 그 친구와 대화할 일은 없을 것이다.

다른 예시로, 사업을 위해 바이어들을 만났는데 같은 회사 상사가 다음과 같이 말했다고 하자.

"저희가 이번에 만든 상품이 정말 대박입니다. 방금 전에도 다른 바이어 분들을 만나고 왔는데 이 가격보다 높은 가격에 계약했습니다. 그런데 이번에 두 번째로 찾아 주셨으니 특별히 좀 더 할인된 가격에 맞춰드리는 거예요."

그런데 만약 당신이 다음과 같이 말한다면 어떻게 될까?

"잠시만요. 방금 전에 다른 바이어들과도 같은 가격에 계약하지 않았나요?"

아마 당신은 직업을 잃을 수도 있다.

스스로 중요하다고 생각하는 가치관을 나쁜 타이밍에 내세운다면 눈치 없는 사람이 될 수 있다. 그런 사람이 되지 않기 위해서는 나의 주장을 아무 때나 내놓는 것이 아니라, 타이밍이 아니라고 생각될 때는 나의 의견을 접고, 그 순간에 맞는 말을 할 줄 알아야 한다. 그래야 관계가 유지될 수 있고, 심지어 더 돈독해질 수 있다.

지각한 친구에게 너무 뭐라고 하는 과장님에 대해서는, "그러게 말이야. 누구나 불가피한 상황 때문에 늦을 수도 있는데, 너무 심하게 괴롭히시네. 야, 괜찮아. 스트레스 풀어!"라고 말을 할 줄 알고, 바이어들을 만난 회사원은 상사 말에 맞장구를 쳐 주며 "아, 네 맞습니다. 특별히 저희가 이번 미팅을 위해 가격 조정을 다시 했습니다."라고 말을 할 줄 안다면 센스 있는 친구와 직원이 될 수 있다.

친구가 과장 욕을 할 때는 혼나서 기분이 좋지 않은 상태이므로 남의 말을 들을 준비가 되어 있지 않다. 또한 친구가 그 상황에 대해 털어놓은 것은 지각이 얼마나 나쁜 것인지 상기시켜 달라는 것이 아니라, '지금 스트레스가 너무 심해서 너한테 털어놓고 싶거든? 그러니까 스트레스 해소를 같이 도와줘!'라고 하는 것이기 때문에 그 역할을 해 주면 된다.

마찬가지로 상사가 바이어를 만나러 갈 때, 굳이 직원을 데려간 이유는 계약이 잘 성사될 수 있도록 자신을 보조하라는 뜻이지, 반대되는 의견을 내달라고 데려간 것이 아니기에 상황에 따라 자신이 해야 할 일을 착실히 이행하면 된다.

그러나 그 상황이 자신의 가치관과는 맞지 않으면 흔들릴 수 있다. 이게 맞나 싶어서 고민이 생기고 서로의 발전을 위해 자신의 생각을 꼭 전달하고 싶다는 마음이 계속 든다면, 좋은 타이밍을 찾아서 의견을 어필하면 된다.

친구가 지각과 관련된 스트레스에서 벗어난 후에 다음과 같이 말해 본다.

"야, 근데 나도 사회생활을 해 보니까 말이야. 지각이라는 것은 정말 하면 안 되는 것 중 하나더라고. 너도 알다시피 회사 생활하면 이미지가 정말 중요하지 않냐. 그런데 지각은 이미지 타격이 생각보다 큰 거 같더라고. 잘 신경 쓰면 좋지 않을까 해."

그리고 바이어와의 미팅이 끝나고 상사와 단둘이 회사로 복귀하는 길에 다음과 같이 말해 본다.

"대리님, 한 가지 여쭤 보고 싶은 게 있습니다. 저희 사업 시장이 그렇게 크지 않은데, 이렇게 사실이 아닌 이야기로 계약을 맺다 보면 위험할 수 있을 거란 생각이 듭니다. 바이어들끼리 이야기가 오갈 수도 있으니까요. 만약 다 같은 가격에 계약했다는 사실을 알게 된다면 상품의 가치를 떠나 신뢰가 무너지는 것이라서 장기적으로 본다면 부정적 이미지가 쌓이지 않을까요?"

위와 같이 상대가 이야기를 귀담아들을 수 있는 타이밍에 자신의 의견을 전달한다면 자신의 말이 더 좋게 전달될 수 있다. 내 경험상 이렇게 했을 때 친구는 반성하는 기미를 보였고, 상사는 이에 공감한다는 반응을 보이거나 내가 미처 못 봤던 부분을 알려주기도 했다.

나는 교육에서도 '공감'이 중요하다고 생각한다. 점점 빠르게 변화하는 정보화 시대에 아이들에게 공감하기가 생각보다 어려워졌다. 윗세대 사람들은 아래 세대를 보며 '이번 세대는 답 없다, 망했다.'라고 생각을 한다. 하지만 이런 생각은 매 세대 돌고 도는 이야기인 것을 알아야 한다. 그러니 다음 세대 아이들을 너무 한심하게 볼 것이 아니라 아래 세대의 삶 또한 우리가 우리 세대의 삶을 중요하게 생각하고, 이유있다 생각하는 만큼 존중해줄 수 있어야 한다고 생각한다.

아무래도 학교 생활을 오래해서 그런지 나는 나이대에 비해 어린 친구들과 자주 어울리는 편이다. 이건 그저 혼자서만 그렇게 생각하는 것이 아니고 예전 제자들이 스무 살이 되어 술자리를 가질 때마다 꼭 연락을 하고 부르기 때문에 알 수 있다. (혹은 그렇게 믿고 싶다.)

나는 시간이 되는 한 최대한 불러주는 자리에 나가려고 하는데, 이는 불러주는 것이 고마워서도 있지만 그들과 어울리는 것이 거리낌 없고 재밌기도 해서이다.

이 말을 하는 이유는 어린 친구들이 찾아 준다고 자랑하려는 것이 아니라, 이렇게 어린 친구들과 잘 어울리는 나 같은 사람조차도 요즘 10대들은 공감하기 어렵다는 말을 하기 위해서이다.

10대들과 같이 생활하는 것이 일인데도, 예전과 다르게 요즘 10대들은 참 이해하기 어렵다. 그들의 생각을 이해하기 어려운 부분도 많지만, 가끔은 그들이 하는 말도 이해하기 어렵다.

한 가지 예시로, 예전에는 "어른이 짐을 들고 오면 얼른 뛰어가서 도와드려야지."라고 하면 미처 몰랐다는 듯이 "아, 맞네요. 죄송합니다!"라는 답이 나왔는데, 요즘은 "제가 왜요?"라는 답이 나온다.

하지만 '하기 싫은데 왜요?' 라는 느낌보다는 왜 물건을 잘 들고 오는 사람을 도와줘야 하는지 정말 모르는 느낌이라서, 어디서부터 알려줘야 할지 막막할 때가 종종 있다. 그렇지만 그러한 세대적 차이를 이해하고 이겨내야 아이들에게 납득이 되는 교육을 할 수 있기에, 그들에게 맞춰 설명해주고, 공감하려고 노력한다.

인간에게 있어서 본질적인 부분은 나이와 세대를 불문하고 똑같다고 생각한다. 어떤 일에 기뻐하고 어떤 일에 슬퍼하는지의 차이가 있을 뿐이지, 좋아하는 것을 할 때 기쁘고 싫어하는 것을 할 때 슬픈 것은 본질적으로 같다. 상대를 이해하기 어렵더라도 기뻐하고 슬퍼하는 이유를 살펴보고 공감해 준다면 충분히 좋은 대화를 이어 나갈 수 있다.

한 번은 한 친구가 정말 서럽게 울고 있는 모습을 보았다. 무슨 큰일이라도 난 것 같아서 왜 그러느냐고 물으니 친구와 의견 차이 때문에 다퉜고, 그것 때문에 기분이 상했다고 하는 것이다. 무슨 의견 차이 때문인가 물었더니 아이돌인 카리나랑 윈터(사실 카리나와 누

2. 공감이란 이런 게 아닐까

구였는지조차 잘 기억나지 않는다.) 중 누가 더 예쁘냐는 것으로 다퉜다는 것이다. 나는 MBTI로 따지면 극T이므로, 속으로는 다음과 같은 생각이 떠올랐다.

'그 사람들은 네가 누구인지도 모를 텐데, 이 논쟁이 대체 어떤 의미가 있니. 쓸데없는 곳에 감정 낭비하지 말자.'

하지만 얼른 '공감 시스템'을 작동시켜서 다음과 같은 생각으로 바꾸었다.

'이 친구에게 카리나는 여자 친구, 아니 어쩌면 배우자일 것이야. 내 와이프가 다른 여자보다 못생겼다고 말하면 기분이 안 좋지, 그럼.'

그렇게 생각 회로를 돌린 다음 진심 어린 공감을 해 주었다. 다행히 그 친구는 금방 마음이 풀어졌다.

여기서 꼭 기억해야 할 부분은 항상 아이들의 생각이 옳다고 해 주고, 무조건 존중해 주었다가는 부작용이 발생할 수 있다는 점이다. 그래서 꼭 후작업이 필요하다. 당시에는 그렇게 공감해 주고 마음을 달래 주더라도, 사실 우리가 살아가는 데 그런 논쟁으로 감정을 소모하는 것은 무의미하고 불필요하다고 알려 주어야 한다는 것이다. 그들이 들을 준비가 되는 타이밍을 잘 잡을 수 있다면 아이들에게 좋은 메시지를 전달할 수 있다.

물론 같은 이유로 아이들 역시 윗세대 사람들을 이해하고 공감할 줄 알아야 한다. 어른들의 생각에 대해 단순히 '꼰대'라고 치부하지 말고 그들이 살아온 역사를 이해하고 존중하며 전달하고자 하는 메시지에 공감하려고 노력해야 한다.

생각이 정리가 된 지금, 다시 축구 경기를 했던 날로 돌아간다면 나는 그 학생에게 이렇게 말할 수 있을 것 같다. '정직'이라는 개인의 가치관을 내세우는 것도 좋지만, 같이 활동하며 살아가는 우리 사회에서는 가치관을 내세우는 타이밍을 아는 것 역시 필수적이라고 말이다. 그렇기에 비록 자신의 가치관을 가장 우선적으로 내세우고 싶더라도, 그 마음을 삼시 접어둘 수 있어야 한다고 말이다. 개인이 아닌 팀원으로서 역할과 책임이 있으니까 말이다.

정직하라고 가르치는 것만큼 쉬운 교육은 없다고 생각한다. 하지만 인생을 살아가는 데 무조건 정직하라고 가르치는 것은 모순적이다. 왜냐하면 '정직'의 개념은 상대적이기 때문이다. 사람들마다 가치관은 다 다르고, 중요하게 생각하는 것도 모두 다르다.

앞 장에서 들었던 예시처럼 살인을 저질렀음에도 그 이유를 다수가 공감할 수 있다면 영웅이 될 수도 있고, 공감할 수 없다면 극악무도한 살인자가 될 수도 있다.

또한 도로에서 정해진 속도 이상으로 운전을 하는 것도 누군가에겐 당연할 수 있지만, 또 누군가에겐 정직하지 못한 행동이 될 수 있는 것처럼 말이다. 즉, 이 말은 자신이 생각하기에 중요한 것이 남에게는 아무것도 아닐 수 있다는 것이다. 반대로 남들이 중요하다고 생각하는 것이 자신에게는 중요하지 않을 수도 있고 말이다. 어떤 상황이든 그 차이를 이해하고, 공감해 주지 못한다면 누군가는 매우 서운할 수밖에 없다.

그렇다면 이렇게 '정직'의 기준이 애매모호한 상황에서 우린 대체 어떤 것을 기준으로 잡고 살아야 할까? 나는 '내 사람'을 기준으로 잡으라고 말해 주고 싶다. 나의 가치관을 먼저 내세우기 전에 내 사람이 왜 그런 말을 하고 그런 행동을 하고 있는지를 먼저 파악하려 하고, 그 사람이 원하는 역할을 해 주는 것이다. 가끔 이해가 되지 않더라도 말이다.

우리는 자신이 보는 것이 항상 전부이며 옳다고 생각하는 경향이 있는데, 사실은 놓치는 부분도 무척 많다는 것을 인지해야 한다. 함부로 판단하고 자신의 생각을 주장하는 것은 실수가 될 수 있다. 그렇기에 섣부른 개입은 조심하되, 이해가 안 되는 부분에 대해서는 적절한 타이밍에 물어볼 줄 알아야 한다. 그래야 상대에 대해 조금 더 이해할 수 있고, 앞으로 비슷한 상황을 마주치더라도 공감해 줄 수 있다. 그 사람에게 더 깊은 믿음이 생기는 것이다. '지금 이렇게 하는 이유가 있겠지.' 하고 말이다.

   이 글을 읽는 모두가 한 번쯤 생각해 보면 좋겠다. 어떤 사람이 우리 옆에 있으면 좋겠는지 말이다. 나는 위에 말한 사람이 지인이라면 너무나 든든할 것 같다. '공감'은 결국 관계의 시작이다.

3.
이러면 더 잘생겨 보이는 것 같아

"우리 학교 규칙을 알려주도록 할게. 우선 선생님들을 만나면 인사할 줄 알아야 한다. 요즘 인사성이 부족한 친구들이 많아. 그런데 인사는 예의의 기본이기에 잘해야 한다고 생각해. 나는 살면서 인사성이 좋아서 욕 먹은 사람은 본 적 없거든. 그러니까 아침에 기상해서 선생님들을 마주하면 꼭 '안녕히 주무셨어요?' 하고 인사하고, 자기 전에는 '안녕히 주무세요.' 하고 인사하고, 식사하기 전에는 '잘 먹겠습니다.' 하고 인사하고, 식사 후에는 '잘 먹었습니다.' 하고 인사하길 바란다. 그리고…….''

"쌤, 저 질문 있는데요."

아이들의 인사성 문제도 있지만, 때에 맞는 정확한 인사말도 요즘 많이 몰라하기에 하나씩 설명하던 도중 한 학생이 내 말을 끊었다.

"어, 뭔데?"

"대체 왜 예의를 갖춰야 하는 건가요?"

"응?"

"대들려고 하는 건 아니고 정말 궁금해서요. 어른이 식사하기 전에 숟가락 들지 말고, 물을 마실 때 선생님들께도 한 번 여쭤 보고, 뭐 이런 예의에 대해 계속 말씀해 주시긴 했는데, 저희가 그렇게까지 해야 하는 이유가 궁금하거든요. 예의를 지키란 말을 많이 듣기는 했는데 어른들한테 왜 그렇게 해야 하는지 모르겠어요. 심지어 어른 같지 않은 어른들도 요즘 많잖아요?"

한 친구가 나에게 했던 질문이다.
"대체 왜 예의 있어야 하는 건가요?"
나도 어릴 적 가끔 이런 궁금증을 가져본 적이 있었던 것 같다. 그때마다 들었던 답을 곰곰이 생각해 보면 다음과 같았다.
"너희도 결국에 어른이 돼! 너희가 나중에 대우를 받고 싶다면 웃어른을 공경할 줄 알아야 하는 거야."
내가 들었던 것처럼 그 친구에게도 이러한 식으로 답변을 하려고 했으나, 왠지 식상하다고 느꼈다. 나도 위와 같은 답을 들었을 때 속 시원하지 않았기 때문이다. 그래서 어떻게 답을 해 주면 좋을지 고민하기 시작했다.

나는 어렸을 때 태권도 선수 생활을 했던 적이 있다. 아마 이때가 '윗사람 공경'이 극에 달했던 시절이 아닐까 싶다. 나보다 선배라는 이유로 먼저 물을 챙겨 주고, 시합할 때나 대중교통을 이용할 때도 좋은 자리가 있으면 양보하고, 맛있는 게 나와도 무조건 선배 먼저, 씻고 싶어도 선배가 먼저 씻도록 양보했으며, 또 무분별하게 시키던 허드렛일까지 하면서 대체 왜 이걸 해야 하는지에 대해 종종 궁금해하곤 했다.

당시 나의 예의와 배려는 선택보다는 강압으로 인한 것이었고, 그런 환경에서 윗사람을 공경하는 것이 공평하지 않다고 생각했던 것 같다. 어떤 일을 하면 그에 따른 대가가 있기 마련인데, 이건 정말 대가 없는 노동이었다. 나 자신을 희생할 이유가 하나도 없는 것이었다.

> '나하고 앞으로 볼일이 없는 사람이라면 굳이 잘 대해 줄 이유가 없는 것은 아닐까?'
>
> '내가 나중에 공경을 받으면 얼마나 받는다고…. 이건 사람들을 어릴 때부터 가스라이팅해서 부려먹으려는 어른들의 속셈이 아닐까?'

위와 같은 생각을 가끔 했던 것 같다. 나는 요즘 아이들보다 더 보수적이고 예의를 중시하는 시대를 겪었으므로 어른들에게 '대체 왜 저희가 예의를 갖춰야 하나요?'라는, 어쩌면 몰상식해 보일 수 있는 질문을 해 본 적은 없지만, 나 자신도 어릴 적에 항상 궁금했던 부분이라서 그 질문의 저의를 이해할 수 있었다.

그리고 나도 고민하던 질문이었으니 아이들에게 식상한 대답보다는 논리적으로 이해시켜서 '아! 그래서 우리가 예의를 갖춰야 하는군요. 예의는 정말 중요한 거였네요!'라고 납득하고 행동으로 옮길 수 있는 좋은 답변이 무엇일지 고민했다.

아이들에게 답은 '즉각적 이득'을 볼 수 있는 것이어야 한다고 생각했다. 요즘 아이들은 '결과'가 빠르게 나오지 않으면 불편을 느낀다. 그리고 그 결과가 본인이 노력한 것에 비해 좋아야 한다. 모든 게 '빠름 빠름 시대'인 요즘 아이들에게서 참을성을 보기는 어렵기 때문이다.

궁금한 것이 생기면 고민하기보다는 바로 인터넷에서 검색하여 몇 초 안에 답을 구한다. 배달 서비스가 아주 잘 갖추어진 대한민국에서는 먹고 싶은 것을 주문하면 20~30분 안에 집에서 먹을 수 있다.

우리 사회가 이러다 보니 참을성 있는 아이들을 키우기가 어렵다. 그러므로 최대한 빠른 결과가 나오는 방법을 알려주는 것이 설득력이 있을 것이다. 학생들과 축구 게임을 하더라도 '축구를 열심히 하면 체력이 좋아지고, 집중력 또한 좋아질 수 있으니 경기를 열심히 뛰어 보자!'라는 말보다는 '이기는 팀 아이스크림!'이 사기를 높이는 데 더욱 효과적이니까 말이다.

예의를 갖추면 아이들이 얻을 수 있는 '즉각적' 이득에는 무엇이 있을까. 단기적으로 보면 예의를 갖추는 건 결국 자신만 힘든 일 같아 보인다. 나만 희생하는 것 같기도 하고 말이다.

나중에 나이가 들면 나에게 예의 있게 대하는 사람이 많아질 것이니, 지금은 내가 예의 있게 행동해야 한다? 너무나 먼 이야기일 뿐 아니라, 그땐 시대가 달라지면서 지금은 예의라고 생각하는 것들이 미래 젊은이들에게는 아닐 수도 있으니 설득력이 없다. 그러면 대체 어떻게 해야 아이들을 예의 있게 만들 수 있을까?

나는 인간은 모두 이기적이라고 생각한다. 사람들은 대부분 이를 부정하고 싶어 하는 듯하지만, 이기심을 숨기고 살아갈 뿐, 나를 포함하여 모두가 이기적이다. 이타적인 행동 뒤에도 결국에 내가 느끼는 '보람'이 있기에 남을 위한 행동을 한다. 아마 '보람'이라는 정신적 만족감마저 없다면, 인간은 남을 위한 행동을 아예 하지 않았을 것이다. 그렇기에 어떤 행동을 할 때 얻을 수 있는 이득을 정확하게 명시해 두면 그것이 동기 부여가 될 수 있을 것이다.

'예의 있는 행동을 하고 칭찬받으면 보람차잖아!' 정도보다 더 자극적인 동기 부여, 나는 그것을 나의 '복' 즉, '운'이라고 생각했다.

최근 일본 야구선수 오타니 쇼헤이가 LA 다저스와 2024년부터 2033년까지 10년 계약을 약 7억 달러(한화 약 9,100억 원)에 하며 이슈가 되었다. 이는 메이저리그 선수들 평균 연봉에 비해 약 16배 정도 많은 수준이라고 한다.

이런 천문학적인 금액으로 계약을 하였지만, 이 금액보다 더 의외의 것이 이슈가 되었다. 그것은 바로 오타니 선수가 고등학생 때 적은 '만다라트'였다.

만다라트는 3×3 사각형 배열이 9개로 이루어진 형태인데, 가운데 본인의 목표를 적고 그 가운데를 둘러싼 8개의 박스에는 그 목표를 이루기 위한 세부적인 목표들을 또 적는 것이다.

예를 들어 가운데 목표가 '다이어트 해서 10kg 빼기'라면, 남은 8개의 박스에는 '매일 헬스장 가기', '밥 반 공기 먹기', '군것질하지 않기' 등이 될 수 있겠다. 정말 평범한 계획표인 것 같은데 왜 오타니의 만다라트가 유명해졌을까? 바로 큰 목표 중 하나에 '운'이 있었기 때문이나.

운을 목표로 한다고 해서 이룰 수 있는 것일까? 운은 말 그대로 운이라서 건드릴 수 없는 분야 아닌가? 오타니가 운을 목표로 한 것이 상식적으로 이해되려면 '운이 좋은 사람'은 자신의 운이 좋아지기 위해 노력했음을 뜻한다.

이게 과연 가능한 일인가? 아무것도 하지 않더라도 갑자기 하늘에서 떨어진 것처럼 좋은 일이 생기는 것이 '운' 아니었나?

오타니는 '운'이라는 대목표를 가운데 적고, 그 목표를 이루기 위한 세부적인 8개의 목표로 '심판에게 친절하기', '쓰레기 줍기', '팀원들을 잘 챙기기'와 같은 내용들을 적었다.

이렇게 하면 운이 있는 사람이 될 수 있을까? 그런데 정말 신기하게도 오타니뿐만 아니라 사회적으로 성공했다고 하는 사람들의

말을 들어보면 운은 만들 수 있다고 한다. 많은 사람들이 '운이 좋아서' 또는 '운이 나빠서'라고 이야기하는 것처럼 운은 우리가 어떻게 할 수 없는 힘이라고 생각하는데, 사실은 그렇지 않다는 것이다.

과연 그럴까?

나는 2006년에 부모님, 그리고 여동생 두 명과 세계 여행을 했다. 우리는 3년 조금 넘게 세계 여행을 하면서 정말 많은 나라를 돌아다녔다. 나의 짐은 배낭 하나였으며 이것은 나의 전부였다. 여행은 나에게 삶과 다름없었고, 그렇다 보니 이동이 잦을 수밖에 없었다.

그런데 여행을 하면서 이해할 수 없는 점이 한 가지 있었다. 그것은 바로 숙소에서 퇴실할 때마다 방과 주위 공간을 우리가 들어왔을 때처럼 깔끔하게 정리하라는 부모님의 지시였다.

"아니, 우리가 돈을 내고 쓰는 건데, 왜 나갈 때 정리까지 깔끔하게 해야 해요? 그건 여기 직원들 일이 아니에요? 정리를 하는 사람들이 따로 있잖아요. 그렇다고 난장판을 만들고 가자는 건 아닌데…. 이렇게까지 청소를 할 필요가 있나요?"

내 질문에 우리 어머니께서는 이렇게 답하셨다.

"신을 믿니? 나는 종교가 없지만 신이 있는 것 같다는 생각은 들어. 뭔가 보이지 않는… 그런 힘이 느껴질 때가 있거든. 갑자기 예상치 못한 일들이 일어난다거나, 또 예상치 못한 인연을 만나게 된다거나 말이지. 그런 상황들이 어쩌면 신과 같은 존재가 나를 위해 준비해 둔 선물 같다고 느껴질 때가 있거든. 말로 표현하기는 어려운데 엄마는 그 존재가 '기운'이라고 생각해. 우리가 방을 더럽게 쓰고 간다면 분명 청소하는 사람이 와서 청소를 하겠지만 그 사람은 청소를 하며 우리 욕을 할 거다. '애들 데리고 와서 지내더니 역시 난장판이구만.' 또는 '한국인들은 참 더러워.'라고 할 수도 있겠지? 우리는 이미 떠난 후이니 욕을 직접 듣지는 못하겠지만 그 부정적 기운은 분명 앞길에 다시 나타날 것이라고 생각한다. 그러나 반대로 우리가 방을 깔끔하게 쓰고 간다면 우리가 나간 후에 청소하시는 분이 청소를 하면서 이런 생각을 가지고 청소를 할 거야. '애들 때문에 방이 많이 어지럽혀졌을 것이라 걱정했는데 너무 깔끔한 걸?' 또는 '기본 도리가 있는 사람들이구만!' 하고 말이야. 그 칭찬을 우리가 직접 듣지 못해도, 분명히 밝은 기운으로 우리에게 다시 올 거라 생각한다. 그러니 우리가 지나간 자리를 깨끗이 해야 하는 것이고, 우리가 지나친 사람들에게 친절해야 하는 이유지."

그 당시 나는 이를 잘 이해하지 못했다. 당시에는 신의 존재도 의심하고 있었으니 그런 미신적이고 추상적인 내용에 대해서는 납

득하기 어려웠다. 그런데 지금 와서 돌이켜보면 우리가 3년이라는 기간 동안 세계 여행을 하면서 안전하게 다닐 수 있었던 이유는 바로 그런 마인드 때문이었겠구나 하는 생각을 하곤 한다.

가끔 어릴 적 여행했던 이야기를 사람들과 나누다 보면 사람들이 묻곤 했다.

> "아니 파키스탄을 여행했다고요? 거기 위험하지 않아요?"
>
> "우간다, 르완다는 유튜브 보니까 위험하다고 하던데, 어떻게 가족 전체가 그렇게 여행을 했어요?"

당황스러운 질문이었다. 우리는 위험하다는 느낌 없이 너무나 안전하게 여행을 했기 때문이다. 그런데 정말 그럴 수 있었던 이유는 누가 들어도 너무나 추상적인 '기운' 때문일까? 이에 의문을 가지긴 했는데 다시 한 번 돌아보면 맞을 수도 있다는 생각이 들기도 한다. 우리가 만난 숙소 주인들이 좋은 여행지와 좋은 숙소로 연결시켜 주거나 소개해 주기도 하였고, 숙소에서 만난 여행객이나 길에서 만난 여행객들이 자신들의 나라로, 그리고 그들의 집으로 우리

가족을 초대해 주기도 했으니까 말이다. 결국 우리가 여행을 하는 내내 운이 좋을 수 있었던 이유는 길에서 만난 사람들 덕분이었다. 운은 타인으로부터 오는 것이었다.

최근 유튜브에서 너무나 당황스러운 영상을 하나 보았다. 구독자가 100만 명이 넘는 꽤 유명한 유튜버가 인도 여행에서 찍은 영상이 문제 있어 보였다.

인도뿐만 아니라 전 세계 어디를 가더라도 관광객이 많은 지역에서는 길거리 상인들이나 택시 기사들이 여행객들에게 붙기 마련이다. 프랑스 파리도 그렇고, 이집트 카이로도 그렇다. 하나라도 팔아서 돈을 벌어야 먹고 사니 그럴 것이다.

그런데 이 유튜버는 다가오는 사람들의 나이나 주변 상황을 가리지 않고 호객 행위를 하는 사람들을 촬영하면서 욕설을 퍼붓고 인상을 썼다. 그러면서 "얘네들은 이렇게 해야 돼요."라며 마치 그런 행동이 정당하다는 듯이 행동했다. 나는 이 행동이 굉장히 위험하다고 생각했다. 그렇게 말하고 행동하는 것은 오히려 역효과를 만들어서 많은 여행객들을 위험에 빠뜨릴 수도 있기 때문이다.

물론, 정말 무례하게 다가오는 현지인들도 있다는 점은 알고 있다. 그런 사람들은 먼저 무례하게 행동했기 때문에 따끔하게 의사 전달을 하는 것이 맞지만, 그렇다고 그런 상황을 일반화시켜서 호객 행위를 하는 모든 사람에게 예의 없게 행동하는 것은 옳지 않다. 그러다 보면 오히려 2차적 사고를 야기할 수도 있기 때문이다. 다들 열심히 살아가고자 하는 사람들인데, 그들의 자존감을 깎는 행위를 하면 없었던 악의가 생길 수도 있기 때문이다.

그렇기에 눈을 마주치고 정확한 제스처를 취하며 어느 정도 예의를 갖춰 '괜찮아요.'라고 말하는 방법으로 거절할 줄 알아야 한다. 실제로 그렇게 하면 오히려 더 빨리 이해하고 사라져 주었던 거 같다. 물론 내 인상 때문에 그럴 수도 있기에 인상이 순하거나 여성분인 경우 안 먹힐 수 있겠다. 그런데 그렇다면 더 젠틀한 방법으로 거절할 줄 알아야 한다. 2차적 사고를 방지하기 위해서 말이다.

이런 방식을 취할 때 얻을 수 있는 또 다른 장점으로는 나를 단지 지갑으로만 보던 사람들의 시선이 바뀔 수도 있다는 것이다. 오히려 예의 있는 나의 모습에 마음을 열어 정확한 시세를 제시하거나, 현지에서 필요한 정보를 주는 경우도 있다. 내가 사람들을 예의 있게 대함으로써 여행이 한층 더 안전해지고 다채로워지는 '운'이 생기는 것이다.

앞서 말한 것처럼 '운'은 내가 아니라 다른 사람들로 인해서 만들어지는 것이라고 생각한다. 오타니가 좋은 길을 밟을 수 있었던 이유는 물론 그 자신의 말도 안 되는 실력에도 있겠지만, 그를 항상 좋게 보는 코치단, 팬들, 그리고 팀원들이 있었기 때문에 더 큰 성공을 더 빠르게 이룰 수 있었을 것이다.

우리 가족이 숙소 정리를 했을 때도, 내가 현지 사람들에게 예의 있게 대했을 때도 누군가는 나를 지켜봤을 것이며 그 모습이 나의 '이미지'가 되고 그런 것들이 모이고 모여 다시 나에게 닿은 것이다.

우리는 그 순간이 언제 올지 모르고, 그렇기에 항상 예의를 갖추어야 한다. 아마 지금 말한 것도 요즘 10대들이 원하는 '즉각적' 이득은 아닐 수 있다. 그래도 '그래야 너희가 나중에 나이가 들었을 때 존중을 받을 수 있어!'라는 말보다는 좀 더 가까우니 나름대로 동기 부여가 될 수 있지 않을까 싶다.

예의를 갖추면 운뿐만 아니라 외모도 한층 업그레이드 된다. 이게 어떻게 '외모'와 이어질 수 있을까. 언행을 통해 보여지는 '이미지'의 힘은 우리가 생각하는 것보다 더 강력하기 때문이다. 이걸 어쩌면 '매력'이라고 재해석할 수도 있겠다. 우리는 누군가에게 호감을 줄 때 외모의 역할이 크다고 생각하지만, 학교를 운영하며 많은 학생들을 만나본 결과 외모는 그리 중요한 게 아님을 깨달았다. 이 부분을 설명하기 위해 학교 이야기를 하나 해 보려고 한다.

우리 학교는 연애를 금지하고 있다. 물론 누군가를 좋아하는 것은 지극히 정상적이고 건강한 행위지만 안전, 분위기, 인간관계, 그리고 그 외 다양한 이유로 금지한다.

학교 첫 날 이에 관련한 규칙들을 알려주는데, 이 규칙을 처음 아이들에게 설명하면 다들 한 마디로 '어이없는 표정'을 짓는다. '연애까지 막는다고?'라는 생각에서 나오는 어이없는 표정이 아니라, 주변 친구들 쫙 스캔해 보니 절대 연애를 할 일은 없겠다는 확신에서 나오는 표정이다. 실제로 이 규칙에 관한 설명을 듣고 나에게 "쌤, 올해는 걱정 안 하셔도 되겠는데요."라고 대답한 친구들이 한둘이 아니다. 그러나 아이러니하게도 커플들은 거의 매해 생겨났다. 그래서 나는 아이들에게 이렇게 말한다.

"너희들 지금 학교 오고 입학식 하면서 서로 쫙 스캔했지? 그리고 연애할 대상은 없는 것 같다고 확신한 친구들도 있을 거야. 그런데 정말 신기하게도 말이지. 분명 외모적으로 내 스타일이 아니라고 확신했는데도 우리 학교 생활을 하다 보면 누군가에게 호감이 생긴다? 갑자기 그 애가 너무 잘 생겨 보이고 예뻐 보이는 순간이 와. 그래서 몰래 연애를 하는 친구들이 생기지. 그게 바로 이미지, 또는 매력 때문인거지. 거기에 흔들리게 되는 자신의 모습을 발견할 거야. 지금은 '에이, 말도 안돼' 하고 생각하겠지? 아무튼 너희들이 연애할 마음이 없다고 하니, 나에겐 반가운 소식이 아닐 수 없다. 내가 바라는 건 너희가 지금 가진 마음을 학기 끝까지 잘 가져가길 바랄 뿐이야."

물론 소수의 인원이 오랜 기간 같이 생활을 하다 보니 외로움으로 인해 무리 안에서 짝을 찾게 되는 것이 이유일 수도 있다. 그런데 정말 단순히 외롭다는 이유 때문에 이상형이 아닌 사람을 좋아할 수 있을까?

나는 그렇지는 않다고 생각한다. 외모 외로 무의식적으로 자리잡은 자신의 기준에 부합하는 부분이 있기 때문에 마음이 움직이는 것이다. 나는 그게 바로 외모를 넘어설 수 있는 사람의 '매력'이자 '이미지'라고 생각한다. 학업에 열중하는 모습, 주변 학우들을 챙기는 모습, 운동을 열심히 하는 모습, 선생님들께 예의 있는 모습 등이 모두 그 부분에 해당한다.

요즘 사람들은 외모에 대한 집착이 강한 편이다. 전 세계 젊은 친구들 대부분이 그렇겠지만, 우리나라는 특히 외모에 대한 집착이 강한 것으로 보인다. 여기에는 다양한 이유가 있겠지만 개인적으로는 소셜 미디어가 가장 큰 역할을 하고 있다고 생각한다.

　소셜 미디어는 자기 자랑의 공간이라고 봐도 다름없기 때문에 모두가 잘난 사진들만 올린다. 소셜 미디어를 보면 행복하지 않은 사람들을 찾기 어렵다. 그리고 못난 사람들도 찾기 어렵다. 화장 기술이 발달한 것도 이유겠지만, 카메라 필터 역시 큰 몫을 하는 것 같다. 그렇게 핸드폰을 켤 때마다 보는 '조작된' 아름다움으로 인해 '미의 기준'이 올라가는데, 현실적인 자신의 모습은 그 기준을 따라가지 못하다 보니 자존감이 바닥을 친다. 그곳에서나마 자존감을 채우려고 가상 세계에 합류하여 얼굴을 변형하고 그 속에서 받는 찬사에는 보람을 느낀다. 오렌지가 1%만 함유되어도 오렌지 주스라고 하는 것처럼, 조작된 사진에도 자신의 모습이 1% 정도는 들어가 있으니 본인의 사진이라고 정신 승리하면서 말이다.

　실제로 여권을 재발급받으러 동사무소에 갔다가 본 경고 안내가 충격적이었는데, 요즘 발생하는 현상들을 명확히 보여주는 것 같았다. 다들 알겠지만, 한동안 AI가 그려 준 증명사진이 인기가 있었다. 그리고 그 얼굴은 당연히 본인의 얼굴이 아니다. 그런데 여권이나 개인 신분증을 만들 때 해당 사진을 가지고 오는 사람들이 많았나 보다. 예시로 AI 증명사진들을 두고 안내에는 신분증의 용도는 신분 확인용이므로, 실제 본인의 모습과 다른 사진을 가지고 오지 말라고 적혀 있었다.

　이런 현상을 보면서 나는 요즘 사람들이 얼마나 외모에 신경을 쓰고, 또 얼마나 자존감이 낮아져 있는지를 느낄 수 있었다. 단점을 커버하고자 화장을 더 과하게 하고, 심지어는 어린 나이임에도 성형을 하는 학생들도 많다. 요즘 쌍꺼풀 수술은 수술도 아니라고 한다. 그런데 이게 요즘 10대들만의 문제일까. 정도의 차이는 있을지언정 생각해 보면 나의 10대도 마찬가지였던 것 같다.

　우리 가족이 세계 여행을 시작했던 것은 내가 15살 때부터였는데, 주기적으로 바뀌는 나라들의 물 때문인지 유전적 이유 때문인지 피부에 트러블이 생기기 시작했다. 당시에는 트러블 관리 방법에 대해 무지했으므로 피부 상태가 점점 악화되었다.

　그러다 보니 외모에 대한 자신감이 바닥을 치기 시작했고, 이에 얼굴을 최대한 가리기 위해서 머리를 기르기 시작했다. 머리카락이 피부에 닿으면 기름기 때문에 오히려 피부가 더 안 좋아질 수 있다는 사실을 듣긴 했지만, 당시에는 얼굴을 가리는 것이 우선이었다. 피부 트러블을 숨기지 않으면 사람들을 만나는 것조차 싫을 정도였으니까 말이다. 당시에 나는 거울을 보는 것이 싫었고, 사진을 찍는 것도 싫었다. 창문도 싫어했는데 그 이유는 내 모습이 비치기 때문이었다.

그렇게 외모에 자신감이 없는 상태로 10대 시절을 보내고 있었는데, 어느 날 자신감이 붙게 된 순간이 있었다. 바로 외적인 부분이 아닌 것으로 사람들로부터 인정을 받은 때였다.

3년간 세계 여행을 하면서 나는 영어 공부를 정말 열심히 했다. 그래서 영어 실력이 나름 좋은 편이라서, 이를 활용해 영어 시험에서 좋은 성적을 받고 과외도 하고 여러 회사에서 번역 일을 하기도 했다. 이렇게 외모가 아닌 실력으로 주위 사람들에게 인정을 받기 시작하자 자신감은 점차 회복되었고 나 자신의 모습을 그대로 좋아해 주는 사람들도 많아지면서 자존감도 올라갔다. 덕분에 나는 덥수룩한 머리를 자를 수 있었고, 한때는 나의 전부라고 생각했던 외모가 사실상 아무 것도 아니었다는 것을 느낄 수 있었다.

이러한 경험을 토대로 지금 아이들에게도 이야기하곤 한다. 외모보다 더 중요한 것은 바로 '내면의 얼굴', 즉 다른 사람들에게 심어주는 나의 '이미지'라고 말이다. 그러니 외모에 집착하기보다는 능력을 키우는 데 집중하고 내면을 단단하게 만드는 것이 우선적으로 중요하다는 말을 해 준다.

운동을 열심히 하면 멋지게 다듬어진 몸이 매력 포인트가 될 수도 있지만 그보다는 몸을 만들기 위해 꾸준히 노력해 온 모습이 좋은 이미지로 인식될 수 있고, 무거운 걸 들고 가는 어른을 보았을 때 대신 들어주는 모습이나 식사 예절을 지키는 모습이나 인사성 밝은 모습에서 사람들을 배려하고 공경하는 사람으로 인식되면서 '나'라는 사람을 떠올렸을 때 호감이 가는 이미지로 받아들여질 수 있다. 나의 이미지가 결국 내 얼굴이 되는 것이다.

 그래서 나는 외모에 집착하고 낮아진 자존감으로 힘들어하는 아이들에게 정작 중요한 것은 '언행'이라는 것을 다시금 상기시킨다. 결국 우리가 예의를 갖춰야 하는 이유는 어른들을 위해서가 아니라 우리 자신을 위해서인 것이다. 우리는 예의를 갖추는 언행으로 인해 차은우가 되고, 카리나가 될 수 있다. 믿기지 않겠지만 이것은 사실이다. 사람들은 작은 행동 하나를 통해 다른 이들을 판단하곤 하기 때문이다.

 예를 들어 어떤 사람이 회사 면접을 보기 위해 실내로 들어오는데, 본인의 신발을 가지런하게 정리할 뿐만 아니라 어지럽게 놓여 있던 다른 신발들까지 정리한 후 들어왔다고 가정해 보자. 내가 만약 그 회사 사장인데 그러한 행동을 보았다면 인터뷰 내용이 어찌 되었든 '인성은 훌륭하겠구나.'라는 생각에 그 사람을 채용하는 쪽으로 결정을 내릴 것이다. 반면 본인 신발을 던지듯이 벗고 들어오는 사람이라면 '본인 관리가 잘 되지 않는 사람이구나.'라고 생각해서 아무리 인터뷰를 잘하더라도 뽑는 것을 심각하게 고민할 것 같다. 신발 정리는 인터뷰에 포함되지 않는 부분이고 정말 사소한 일이기도 하지만, 누군가는 그 작은 일을 통해 상대의 인생을 보곤 한다.

실제로 얼마 전 인터넷에 올라온 동영상에서 유명 연예인이 메이크업을 받는 도중 실내 흡연을 하며 담배 연기를 메이크업 해 주는 분께 뿜는 모습이 노출되었는데, 그 영상 때문에 수많은 사람들의 비난을 받게 되었다. 그 모습에 많은 팬들이 실망했고 팬을 탈퇴한 사람들도 매우 많았다고 들었다. 아무리 미모가 출중하고 인기가 많은 연예인이더라도 남을 배려하는 행동이 없으면 사람들은 이렇게 쉽게 돌아서기도 한다.

이처럼 예의 바른 행동을 통해 우리는 한층 업그레이드된 외모, 그리고 '운'을 얻을 수 있다. 실제로 내 삶을 돌아보아도 힘들거나 고민이 있을 때 뜬금없이 기회가 온 경우가 종종 있었는데, 어떻게 그럴 수 있었을까 하고 돌이켜보면 나를 잘 보았던 사람들이 그런 기회를 만들어주곤 했다.

20대 초반 무렵 회사에 다닐 때의 에피소드 한 가지를 공유하고 싶다.

비가 억수로 쏟아지는 날이었는데, 그날 부서 전체가 점심 회식을 하러 나가게 되었다. 출근할 때부터 내리던 비가 점심 때까지도 그치지 않아서 직원들은 모두 우산을 가지고 나갔다. 직원들의 우산에는 회사에 출근할 때 끼웠던 우산 비닐 커버가 씌워져 있었다. 회사를 나설 때 나는 점심을 먹고 다시 회사로 돌아올 테니 버리지 말고 재사용해야겠다는 생각에 비닐 커버를 접어서 주머니에 넣었다. 이는 어릴 적부터 쓰레기, 환경오염 등에 대한 이야기를 많이 들어왔으므로 내가 실천할 수 있는 활동은 해야 한다는 생각에 습관적으로 나온 행동이었다. 다시 쓸 수 있는 비닐을 굳이 버리고 새 비닐을 쓰는 것은 아깝다는 생각이 들었기 때문이다.

그런데 그 행동을 부장님께서 보시고 물으셨다.

"아니 그걸 왜 주머니에 넣나?"

"어차피 곧 다시 오는데 새 것을 쓰기가 아깝다고 생각해서 그렇습니다."

부장님께서는 어이없어 하시면서 '허허' 웃고 가셨다.

그런데 이후 부장님께서 나에게 궁금증이 생기기 시작하셨는지 쉬는 시간에도 나를 찾아와 대화를 하시고, 가끔은 회사 밖에서 차 한 잔하며 소통하는 시간을 가지기도 했다. 그 과정에서 부장님과 친밀한 관계로 발전해서 나중에는 퇴사한 후에도 종종 연락을 주고받게 되었다.

그러다 몇 년이 지난 어느 날 부장님으로부터 연락이 왔다. 회사에서 퇴사하면서 본인의 회사를 차렸는데 같이 일할 생각이 없냐고 하셨다. 그때 나는 출국을 하기 위해 공항 리무진을 타고 공항으로 가는 중이었고, 또 오랜 기간 해외에서 체류할 예정이었으므로 아쉬움과 감사함을 전하며 정중히 거절했다.

생각해 보면 나에게 그런 기회가 올 수 있었던 시발점은 '우산 비닐 커버를 아낀 것'인 것 같다. 당시의 작은 행동이 몇 년 후에 새로운 길을 갈 수 있는 가능성을 열어 준 것이다.

아마 누군가는 이런 질문을 할 수도 있겠다.
"그러면 누군가에게 선의를 베풀거나 예의를 지킬 때 '나에게 도움이 되겠지?'라는 이기적인 마음을 가지고 해야 하나요?" 하고 말이다.

이에 대한 내 대답은 "YES."다. 남을 배려하고 호의를 베풀 때 이득만을 생각하고 움직이면 좋지 않은 게 맞지만, 나는 그렇게 시작하는 것도 나쁘지는 않다고 말하고 싶다. 시작은 그런 마음을 가지고 하더라도 꾸준히 실행하다 보면 그런 행동들이 얼마나 가치 있는지 알게 될 것이고, 무엇보다 자신도 모르는 사이에 남을 배려하고 예의를 갖추는 것이 몸에 배어 습관이 될 수 있으니까 말이다.

나는 사람들이 더 이기적이면 좋겠다. 내가 '최고'라고 생각하고 더 잘난 자신이 되기 위해 다른 이들을 더 배려하며, 더 예의 있게 상대를 대할 수 있으면 좋겠다.

단순한 화장이나 카메라 필터와 보정은 그저 허물일 뿐, 진정으로 나의 모습을 아름답게 만들지는 않는다. 예의 있고 이타적인 언행이야말로 진정 우리 외모를 몇십 배, 또는 몇백 배까지도 업그레이드시킬 수 있고, 내 인생의 길을 다채롭게 열 수 있는 방법이라는 것을 알아주었으면 한다.

"저는 꿈이 없어요. 무엇을 해야 할지 전혀 감이 잡히지 않아요. 다른 친구들을 보면 농구를 잘하는 친구도 있고, 플루트를 잘 부는 친구도 있고, 수학이나 영어를 잘하는 친구도 있는데 저는 딱히 잘하는 게 없거든요. 제가 꿈을 찾을 수 있을까요?"

'꿈'은 요즘 아이들이 안고 있는 가장 큰 고민 중 하나일 것이다. 그러다보니 나는 오랜 기간 아이들을 가르치는 일을 하면서 이와 같은 질문을 여러 번 받았다. 자신의 미래를 걱정하는 모습을 보면 기특하기도 하면서 한편으로는 막상 무언가를 '열심히' 하는 노력은 보이지 않아 안타까운 감정을 느끼며, 그러한 고민을 조금이나마 덜어 주기 위해 답을 해 주곤 했다.

꿈은 정말 필요할까. 전문적으로 이런 주제에 관해 상담을 하시는 분들이 유튜브에 올린 영상들을 보면 그들의 답은 대체적으로 '꿈이 없어도 괜찮아.'이다. 맞는 말이다. 인생을 살아가는 데 꿈이 없어도 큰 문제가 되지 않는다.

그렇지만 '나는 왜 태어났는가?' 또는 '인생은 무엇인가?'와 같은 원초적 질문이 떠오를 때, 꿈이 있는 사람과 없는 사람은 답을 찾기까지 걸리는 고민의 시간이 확연히 다를 수 있다. 즉, 삶의 전반적 동기부여를 위해서는 '꿈'이라는 목표가 명확히 있는 것이 삶을 살아가는 데 유리하다고 표현하고 싶다.

하지만 그런 장점에도 꿈은 쉽게 생길 수 없는 것이고, 그렇기에 나는 대체안을 떠올려야 했다.

나는 아이들과 상담을 할 때 내 이야기를 해 주는 것을 좋아한다. 내가 세계여행학교에서 아이들과 상담을 잘할 수 있는 이유는 딱 한 가지다. 나도 어릴 적에 세계 여행을 해 보았기 때문이다. 그리운 집과 친구들을 떠나 타지에서 여행을 하는 것이 결코 쉽지 않다는 것을 너무나 잘 안다. 특히 그 결정이 타의에 의한 것일 때는 더욱 더 그렇다.

처음으로 학생과 '꿈'에 대해 상담하면서 내 과거를 돌아보게 되었다.

"나는 과연 꿈이 있는 아이었던가?"

나의 어릴 적 꿈은 '축구선수'였다. 그때 나이가 11살이었는데, 2002년 FIFA 한일월드컵이 열린 해였고 당시에 월드컵 4강 신화를 만들어 낸 우리나라 축구 국가대표 선수들을 응원하며 축구선수의 꿈을 가졌다. 아마 이 당시 대부분 남자아이들의 꿈이 축구선수였을 것이다. 하지만 이 꿈은 재능이라는 벽 때문에 무너지게 되었고, 그 이후 가졌던 꿈들은 딱히 기억나지 않는다. 아마 '꿈이 없음'을 걱정하는 요즘 아이들처럼 나 또한 꿈이 없었던 것 같다.

그런 상태에서 15살에 가족과 함께 세계 여행을 떠났다. 그때는 2006년 6월로 중학교 2학년 때였다. 세계 여행은 결코 나의 선택이 아니었다. 오로지 부모님의 결정이었고, 아버지와 어머니께서 그런 결정을 내리신 데에는 다양한 이유가 있었을 것이다. 나와 동생들에게는 우리가 더 나이 들기 전에 가족만의 추억을 만들고 싶어서 그랬다고 하셨지만, 거기에는 나의 방황이 큰 몫을 했을 것이라 생각한다.

나는 14살에 태권도 선수 생활을 했다. 선수부에 들어가기 위해 학교도 전학을 했고, 수업이 끝나면 바로 태권도부실로 가서 운동복으로 갈아입고, 강당에서 몸을 풀고 밤 8~9시까지 운동을 하고 귀가하였다. 방학 때도 매일 학교로 가서 운동을 했고, 타지로 전지

훈련을 가기도 했다.

　태권도 선수가 되겠다고 한 이유는 내 길은 공부가 아님을 스스로 느꼈기 때문이다. 11살 때부터 매일 태권도 도장을 다녔으니 그나마 익숙하다는 생각에 태권도 선수의 길을 택했지만, 8개월 후에는 그 길 역시 포기하게 되었다. 운동을 하면서 뼈저리게 느낀 것은 공부가 가장 쉽다는 것이었다.

　나는 원래 다녔던 학교로 다시 돌아왔다. 그리고 그때부터 방황기가 찾아왔다. 운동선수 생활을 하면서 겁이 많이 없어져서 학교에 안 가거나 친구들과 다투는 일이 잦았다.

　그중에서 가장 큰 것은 '컴퓨터 게임 중독'이었는데, 하루에 10시간 정도씩 게임을 했던 것 같다. 중독 증세가 얼마나 심했냐면, 부모님께서는 매일 새벽 수영을 다니셨기에 새벽 5시쯤이면 외출을 하셨는데 집을 나가시면서 현관문을 닫는 '철컥' 소리에 자다가도 눈이 번뜩 떠지곤 했다. 그러면 곧바로 창문을 열어 차가 나가는 것을 확인한 후에 거실로 가서 부모님께서 돌아오시는 시간까지 게임을 했던 기억이 있다.

　단순히 게임만 했으면 그나마 괜찮았을 텐데, 게임에 돈을 쓰는 소위 '현질'을 위해 아버지 지갑이나 동생들 저금통까지 건드리는 행동까지 해서 많이 혼났던 기억이 있다. 문제는 그렇게 혼나고 난 다음날도 여전히 게임을 했단 것인데, 지금 생각해 보면 참 망나니가 따로 없었다.

  그러던 어느 날, 아버지, 어머니께서는 우리에게 3년간 세계 여행을 할 거라고 말씀해 주셨다. 나는 그 말을 믿지 않았다. 당시에는 세계 여행이 흔치 않은 일이었고, 특히 우리 같이 어린 아이들이 여행을 한다는 것은 더욱 전례가 없었으니 불가능한 일이라 생각했다.

  '내가 지금 15살이고, 3년을 다녀오면 18살인데 그게 말이 되는 일이야? 18살이면 고등학교에 입학하기도 애매하고, 그렇다고 해서 대학에 입학하기 위해 수능 시험을 치기도 애매하잖아. 공부한 게 없을 텐데… 3년은 그냥 하시는 말씀이실 거야. 괜히 겁주려고…….'

  실제로 위와 같이 생각했기 때문에 나는 친구들과 제대로 인사도 나누지 않았다. 3년이라고 하셨지만 길어 봐야 3개월 다녀오지 않을까 하는 생각을 했다. 해외에 나가서 맛있는 외국 음식도 먹고 금방 돌아올 테니 다녀오면 또 같이 게임하자고 하거나, 3개월 동안 랭킹이 낮아지면 어떡하냐는 등 의미 없는 수다만 떨다가 헤어졌던 것 같다.

우리 가족의 첫 여행지는 네팔이었다. 수도 카트만두로 갔는데, 당시 중학교 담임 선생님의 부탁이 없었더라면 공항이나 기차역에서 노숙을 했었을 것이다. 노숙은 어머니께서 세운 계획이었고, 그 구체적인 내용은 다음과 같았다.

"우리는 일단 기차역에서 자리를 잡고 생활을 시작할 거야. 몇 날 며칠 노숙하다 보면 누군가가 우리에 대해 궁금해할 거고 말을 걸겠지? 그러면 우리는 여행객이고, 딱히 어디로 가야 할지 몰라서 이러고 있다고 설명할 거야. 그러면 그 사람이 우리를 어디론가 안내하겠지? 그럼 그때부터 우리 여행은 시작되는 거야!"

나와 동생들은 어머니의 말씀에 딱히 반박을 하지 않았는데, 어머니께서는 그런 우리가 부모의 말을 잘 따라 준다고 고마워하셨지만, 당시 나는 말도 안 된다는 생각에 아무 말도 못 한 것뿐이었다. 하긴 3년 여행도 안 믿는 마당에 어머니의 이야기에 믿음이 갈 리가 없었다.

아무튼 그러한 계획은 감사하게도 네팔에서 한인 숙소를 운영하시는 사장님께 물건을 전달해 드리면 며칠간 숙박을 할 수 있게 해 주겠다는 제안을 받으면서 무산되었다.

그렇게 시작된 여행 도중, '어쩌면 우리 여행은 정말 3년이 되겠구나'라는 생각이 든 건 네팔을 지나 인도를 여행하던 즈음이었다.

아니, 그 사실을 직감했다기보다는 예상했던 것보다 훨씬 더 열악한 여행 환경 때문에 세 달도 버티기 힘들 거라는 생각을 했다. 그리고 또한 특별한 일 없이 흘러가는 시간 때문에 미래에 대한 불안감이 커져만 갔다.

태권도를 하던 시절에는 막연히 다음과 같은 걱정을 했었다.

'내가 만약 운동선수로 성공한다면 운동은 잘 하겠지. 하지만 학업적인 부분은 많이 부족할 거야. 나의 부족함을 보완하려면 공부를 잘하는 아내를 만나면 되겠지? 그래서 미래에 아이가 운동을 하고 싶다고 하면 내가 가르쳐 주면 되고, 공부를 하고 싶다고 하면 아내가 가르치면 돼. 그런데 만약 아내가 나처럼 운동을 하는 여자라면? 우리 아이가 운동을 한다면 문제없지만, 공부를 하겠다고 하면 우리가 아이에게 가르칠 수 있는 것이 없겠네.'

이러한 걱정은 아마 어릴 적부터 어머니께서 어떤 어른이 되고 어떤 아버지가 되고 싶은지 구상하며 준비하라는 주기적인 말씀 때문이었을 것이다. 그래서 운동만 해서는 안 되겠다는 생각에 학교에 가기 전 시간을 활용해서 새벽 과외를 받았다. 하지만 안타깝게도 학업 성적은 노력과 비례하지 않았다. 결국 운동도 포기하고 공부도 전혀 진전이 없었는데, 해외에 나와있는 지금, 막상 하고 있는 일이라곤 여행, 그러니까 노는 것뿐인 나날을 몇 달째 보내다 보니, 미래가 점점 걱정되기 시작한 것이다.

만약 내가 한국에 있었더라면 중학교를 다니고 있었을 것이고, 성적이 좋지 않아도 어쨌든 고등학교를 갔을 것이다. 고등학교에서도 성적이 우수하지는 않더라도 3년간 꾸준히 다니면 졸업장을 받을 수 있을 것이고, 적당한 성적을 내서 그에 맞는 대학에 진학할 수 있었을 것이다. 그런데 여행은 나에게 어떤 '증서'를 줄 수 있을까? 나에겐 대책이 필요했다.

그래서 부모님께 단도직입적으로 말씀드렸다. 한국으로 돌아가야 할 것 같다고 말이다. 이제 나는 학업의 중요성을 너무나 크게 체감하고 있기에 얼른 한국으로 돌아가서 다시 공부를 시작하고 싶다고 했다. 이렇게 여행만 하면서 지내면 내 인생은 정말 큰일날 것 같다고 말이다. 그리고 그것은 결코 빈말이 아니었다.

하지만 부모님의 답은 간단명료했다.

"안 돼."

우리는 3년이란 기간 동안 여행하기로 계획하였으므로 꼭 그 계획대로 여행을 마치고 돌아가겠다는 의지를 보여주셨다. 나는 화가 났다. 생각해 보면 내가 원해서 온 것도 아닌데, 돌아가는 것도 마음대로 하지 못한다는 생각에 부당하다는 생각까지 들었다.

아버지, 어머니의 '가족 추억 만들기' 프로젝트를 이해하지 못하는 것은 아니지만, 그건 그들의 인생 계획이고 내 인생은? 왜 내 인생은 존중해 주지 않는 것인가?

나는 다른 방법들로 반항을 하기로 했다. 밖으로 나가자고 해도 나가지 않으며 하루 종일 무기력하게 침대에 누워만 있고, 밥을 먹자고 해도 안 먹으며 단식 투쟁도 했다.

아버지는 나에게 그렇게 시간을 보내지 말고 뭐라도 찾아서 하라고 호통을 치셨지만, 그런 이야기는 별다른 자극제가 되지 못했다. 우리는 당시 인도 북부의 맥글로드 간지라는 지역에 있었는데, 나는 그날 그 길로 나가 절벽 모퉁이에 앉아서 눈물을 흘렸던 기억이 있다. '확 뛰어내려 버릴까?' 하고 몇 차례 고민하면서 말이다. 가장 한탄스러운 부분은 결국 내 발로 숙소에 돌아가야 했다는 것이었다. 타지에서 나는 너무나 무능력한 존재였다.

반항이 끝난 시점은 여행을 시작하고 6개월쯤 지났을 때였다. 우리는 인도 비자를 재발급받기 위해 인도 주변 국가인 스리랑카로 여행을 갔고, 거기서 어머니와 아담스 피크라는 작은 산을 내려오는 길에 마음을 정리할 수 있었다.

"엄마, 제가 집에 갈 수는 없는 거겠죠?"

"아직도 그 질문을 하는 거니? 오래도 간다. 우리는 3년 여행을 계획했으니까 그 계획대로 움직일 거야. 중도 포기는 없어."

"중도 포기라는 걸 나도 좋아하지는 않아서 엄마 마음을 모르는 것은 아닌데… 걱정이 많아요. 앞으로 대체 뭘 하면서 살아야 하는지…. 엄마는 걱정 안 되세요?"

"당연히 걱정되지. 나는 그래서 이 여행에 더 집중해 보려고 하고 있어. 이 여행을 통해서 과연 앞으로 무엇을 하며 살아야 하는가를 얻어 가고 싶거든."

"무엇을 하며 살아야 하는가…. 여행을 하면서 그것을 찾을 수 있을까요?"

"물론이지. 여행을 통해 나는 무조건 찾을 수 있을 것이라고 생각해. 경험의 가치는 우리가 생각하는 것 이상이거든. 그러니 여행을 할 때 매 순간을 눈에 담고 느끼려고 해 봐. 추후 너에게 아주 훌륭한 데이터가 될 거다. 단, 하루에 꼭 2시간 정도는 투자해서 네가 잘하는 것, 또는 좋아하는 것을 하는 시간을 갖도록 해. 꾸준히 무언가를 하다 보면 그게 또 새로운 길로 안내할 수 있으니까."

"저는 근데 좋아하는 것도 딱히 없고, 잘하는 것도 없어요."

"그럼 그걸 먼저 찾는 것이 첫 번째 미션이겠구나."

어머니와 대화를 한 후 한동안 고민을 했다.
'내가 잘하는 것이 무엇이지?'

굳이 하나 뽑자면 그래도 선수 생활까지 했던 태권도일 것이다. 그런데 선수 생활을 1년도 채 하지 않았고, 솔직히 말해서 선수 시절에 시합에서 승리를 거둬본 적도 없다. 그러니 잘한다고 하기엔 무리가 있었다. 공부는 잘한다고 하기가 더 힘들었다. 가장 높은 성적을 받았던 것이 평균 78점이었다. 시간을 가지고 더 고민해봤지만 아무리 생각해도 잘하는 것이 없어 보였다.

그렇다면 내가 좋아하는 것은 무엇일까. 이 질문의 답은 생각보다 빨리 나왔다. 내가 좋아하는 것은 '축구'였다. 해외 여행을 하는 동안에도 잉글리시 프리미어 리그를 보기 위해 새벽에 일어났으며, 배낭 속에는 항상 축구공과 축구화가 들어 있었다. 비록 한 번도 꺼내지는 않았지만 말이다. 어릴 적에는 나름대로 재능이 있다는 소리도 들었으니, 축구는 내가 좋아하는 종목인 동시에 조금 잘하는 종목이기도 한 셈이다. 그런데 이 축구를 매일 2시간씩 하라고? 나는 선수가 될 정도의 재능을 갖추지도 않았지만, 축구 선수로 전향하기에는 이미 너무 늦은 나이라는 것도 알았다.

"엄마하고 이야기한 후에 고민을 좀 해 봤는데 제가 잘하는 것은 몰라도 좋아하는 것은 뭔지 찾았어요. 축구예요. 근데 매일 두 시간씩 축구 연습하는 거… 이거 맞나요? 선수가 될 것도 아닌데?"

"오, 그래도 꽤 금방 답을 찾았네. 그럼 이제 축구를 매일 2시간 정도씩 연습해 봐. 지금은 막연해 보이지만 정말 꾸준히 한다면 그게 결국 너에게 길을 안내해줄 거야. 그리고 또 혹시 모르지? 정말 축구선수가 될지도-?"

어머니의 말씀은 믿거나 말거나였지만, 당시 나는 시간이 남아도는 10대 여행가였기 때문에 어머니의 말씀을 믿고 축구를 하기로 했다. 그 이후 지역을 이동할 때마다 가장 먼저 하는 일은 숙소에 배낭을 풀고 축구화와 축구공을 챙겨서 근처 운동장을 찾는 일이 되었다. 운동장을 찾았는데 운이 좋게 축구를 하고 있는 친구들을 만나면 같이 축구를 하였고, 아무도 없다면 혼자 훈련하는 시간을 가졌다.

나는 그때 '크리스티아누 호날두' 선수에게 굉장히 빠져 있던 시기였기에, 그처럼 환상적인 드리블을 구사하기 위해 드리블 연습에 열심히 몰두했다. 드리블 연습 후에 나는 꼭 '이것'을 성공해야 집으로 돌아갔는데, 그것은 바로 '리프팅 100개 성공하기'였다.

리프팅은 공을 바닥에 떨어뜨리지 않고 발로 지속해서 차 올리는 것을 말한다. 물론 처음엔 10개, 20개, 30개로 기준을 잡으면서 점차 늘려가다가 어느 순간부터는 꾸준히 100개로 잡았던 것 같다. 나는 '리프팅 100개 성공하기'를 아주 엄격하게 진행했는데, 만약 98개를 성공하고 99개에서 실패하면 봐주는 것 없이 다시 1개부터 시작했다.

훈련 시간이 길어지면서 해가 저물기 시작할 즈음이면 사람들이 축구하러 나오곤 했다. 나는 그들과 축구 시합을 했고, 덕분에 많은 사람들과 같이 운동을 하며 추억을 쌓았다. 하지만 언어 장벽 때문에 안타깝게도 축구 외에 다른 교감은 하지 못했다.

우리가 여행한 지역들 대부분은 여행객에게 잘 알려진 곳이 아니었다. 현지인들도 '여기에 왜 외국인이…?'라고 생각할 정도로 외진 지역들에 종종 갔는데, 그러다 보니 축구를 같이 하는 사람들 사이에서 나는 인기 스타였다. 다들 내가 왜 여기서 축구를 하고 있는 지 궁금해했고, 나를 집에 초대하거나 함께 사진을 찍기도 하면서 그들의 삶을 나에게 소개하고 싶어하는 사람들로 넘쳐났다.

하지만 언어 장벽 때문에 관계는 더 이상 진전될 수 없었다. 네팔을 가도, 인도를 가도, 심지어 아프리카를 가도 영어를 잘하는 사람들이 많다. 하지만 나는 '영어 공포증'이 있어서, 외국인을 만나면 입도 뻥긋 못하는 수준의 영어 실력을 가지고 있었다.

그들 앞에 서면 할 수 있는 것은 두 가지였는데, 첫 번째는 밝게 웃기였고, 두 번째는 무슨 말인지는 하나도 모르겠지만 "Yes, yes."라고 대답하는 것이었다. 신기하게도 이 두 가지만으로도 어느 정도 소통이 되긴 했다.

그때부터 영어를 잘하고 싶다고 바라게 되었다. 영어를 잘해서 친구를 사귀고 싶었다. 숙소에 돌아오면 아버지와 어머니, 그리고 여동생 두 명뿐이었으므로 나에게는 친구가 필요했다.

'그래. 친구를 사귀기 위해 영어를 열심히 해 보자! 리프팅을 10개에서 20개, 30개, 그리고 100개까지 올린 것처럼, 영어 단어도 차근차근 늘려 보는 거야!'

그리고 불과 3개월 안에 매일 단어 100개를 외우고 시험보는 수준까지 실력이 향상되었다. 알고 있는 단어의 양이 급격하게 증가

하니 영어가 읽히고 들리기 시작했다. 말이 나오기 시작하면서 소통이 가능해지니 친구가 생기기 시작했다. 부작용으로는 마을을 떠날 때마다 친구와 헤어진다는 생각에 아쉬움이 배가되긴 했지만, 친구들이 생긴 건 나에게 큰 수확이었다.

2009년 3년 간의 세계 여행이 끝났을 때, 나는 외국인들과 소통하는 데 전혀 문제가 없는 수준이 되었다. 나름대로 영어를 자신 있게 할 수 있는 레벨이 된 것인데, 나의 영어 실력을 공식적으로 평가하고 싶다는 생각이 들었다. 단순히 "저 영어 잘 합니다."라고 말하는 것만으로는 영어 실력을 객관적으로 증명하기 어려우니까 말이다.

그래서 TOEIC 시험을 봤다. 990점 만점인 시험인데, 혼자 도서관에서 한 달가량 독학을 하고 바로 시험을 본 것이라서 900점대는 바라지도 않았고, 800점만 넘으면 좋겠다는 바람이 있었다. 그리고 시험 점수 공개일에 떨리는 마음으로 점수를 확인했다. 너무 떨려서 손으로 화면을 가린 후 손바닥을 조금씩 옮기며 시험 점수를 확인했다. 맨 뒷자리 숫자가 5, 중간 번호가 0이었다. '805점인가? 아니면 705점…?'이라고 생각하며 숫자를 확인하였는데, 첫 번째 자리 숫자는 놀랍게도 9였다.

이 글을 쓰면서 그때를 잠시 떠올려보았는데, 여전히 나를 울컥

하게 만든다. 오랜 기간의 노력이 헛되지 않았음을 증명한 날이었기 때문이다.

나는 그 점수를 가지고 동네에서 영어 과외를 했고, 계약직이긴 하지만 번역, 통역일도 잠깐씩 했다. 약 5년 후에 다시 보았던 TOEIC 시험에서는 980점을 맞았고, TOEFL 시험에서는 120점 만점 기준 112점을 맞았다. 나는 그 점수로 대학에 입학하였으며 영어 관련된 일로 취업도 하였다. 호주에서는 영어 강사 일을 하기도 했다.

여기서 이렇게 짧게나마 커리어를 소개한 이유는 주제인 '꿈 찾기'에 관해 설명하기 위해서이다.

나는 이제 잘한다고 내세울 만한 것을 하나 갖게 되었다. 바로 '영어'이다. 물론 나보다 잘하는 사람이 세상엔 정말 많다. 하지만 전체적인 비율로 봤을 때, 나도 잘하는 편에 속하는 것 같기에 스스로 잘한다고 자신 있게 말할 수 있다.

이러한 능력은 하나의 보험이 되었다. 나는 지금 어엿한 직업을 가지고 있지만, 이 일을 그만두더라도 또 다른 일을 금방 찾을 수 있을 것이다. 다른 일을 한다면 원하는 만큼의 수익을 내지는 못할 수도 있다. 하지만 확실한 것은 능력이 있으니 굶을 일은 없을 것이다.

물론 보험으로 가진 영어 실력으로 직업을 찾는 것은 꿈과는 거리가 멀다. 그러나 '잘하는 것'을 만들어 두는 것은 자신감을 선사하고, 이러한 자신감은 '꿈에 대한 도전'으로 이어질 수 있다는 것이 중요하다.

그럼, '잘하는 것'을 만드는 방법은 무엇일까. 이 부분에 대해서는 앞에 소개한 내 이야기가 도움이 될 것 같다. 그것을 토대로 요약해 보자면 다음과 같다.

첫 번째, 잘 하는 것을 찾기 위해서는 우선 좋아하는 것을 확실하게 알아야 한다. 어떤 사람들은 '좋아하는 것'을 직업적으로 생각하지 말라고 한다. 하지만 나는 이러한 의견에 반대한다. 그 일을 좋아해야 더 많은 관심이 생기고 더 빠르게 성장할 수 있다고 믿는다.

두 번째, 좋아하는 것을 찾으면 하루에 꼭 2시간 정도는 그것에 몰입해서 발전시키는 시간을 가져야 한다. 이러한 패턴을 몇 년간 꾸준히 진행한다면, '좋아하는 것'이 '잘하는 것'으로 바뀔 것이다. 여기서 핵심 메시지는 '집중력'과 '꾸준함'이다.

내가 그토록 어려워했던 영어를 제대로 해야겠다고 마음먹고 나서 잘 배워 나갈 수 있었던 이유는 리프팅을 통해 위 두 가지 요소를 훈련해 두었기 때문이다. 매일같이 운동장에서 목표했던 숫자를 채우려고 리프팅 개수를 늘려 가며 연습했던 집중력은 영어 단어를 외울 때도 그대로 발휘되었다. 집중력도 결국 '힘'이므로 노력을 통해서 키울 수 있는 것이다. 따라서 무언가를 꾸준히 집중하여 해 낼 수 있다면 다른 일도 문제없이 해 낼 수 있다는 것이다. 마치 20킬로그램의 아령을 드는 사람이 20킬로그램 쌀 포대 역시 문제없이 들 수 있는 것처럼 말이다.

세 번째는 단기적 목표를 세우는 것이다. 하루에 2시간씩 축구를 꾸준히 하라고 했는데, 보여 주기식으로 공을 들고 운동장에 가서 아무도 못 보는 곳에서 누워만 있다가 온다거나 공을 발로 몇 번 툭툭 차고 온다면 그건 꾸준히 연습한 것이라고 말하기 어렵다. 길게는 한 달, 또는 일주일, 그리고 하루의 목표를 잡은 후 이를 성취하는 것을 목표로 해야 한다. 리프팅을 예로 들면 한 달 안에는 40개 성공하기, 일주일 안에는 20개 성공하기, 오늘은 10개 이상 넘기기 식으로 말이다. 물론 한 달 목표를 얼마나 높게 설정해야 할지 감이 잡히지 않는다면 하루 목표를 우선 설정해 두고, 이에 맞춰 목표를 설정하면 된다.

우리 학교에서는 학생들에게 꿈을 찾아야 한다고 당부하지 않는다. 먼저 좋아하는 것을 찾고 그걸 꾸준히 한다면 자연스레 더 나은 길을 안내해 줄 테니 스스로 몇 년간 꾸준히 할 수 있는 것을 찾으라고 말한다.

실제로 예전 우리 학교 학생 중 한 명이 바깥 사회에서 상당히 말썽을 피우다가 들어왔는데, 나의 이야기를 듣고 난 후 본인이 좋아하는 목공에 오랜 시간을 할애하였다. 이 학생은 여유 시간이 생기기만 하면 목공실에 가서 조각을 하거나 학교 주변을 돌아다니다가 쇠막대 같은 것을 찾으면 그걸 갈아서 칼을 만들곤 했는데 현재 그 학생은 영국에서 미술 전공으로 공부를 하고 있다.

나는 꿈이 거창할 필요는 없다고 생각한다. 그러니 큰 꿈을 가져야 한다는 부담감에 '무엇을 하며 살아야 하나' 하고 고민할 필요도 없고, 꿈이 없다는 사실에 좌절할 필요도 없다. 그럴 시간이 있다면, 오히려 밖에 나가서 뛰고 오는 것이 더 도움이 될 것이다.

꿈이 없어서 불안한 이유는 내가 뭘 하며 먹고 살 수 있을지 걱정되어서가 아닐까? 그렇다면 걱정 말고 위에서 안내한 세 단계를 착실히 이행해 보길 바란다. 오늘 하루를 아쉽지 않게 살아간다면 내가 경험한 것처럼 여러분도 분명히 새로운 길을 찾는 경험을 할 수 있을 것이다.

   참고로 지금 나에게는 새로운 목표가 생겼다. 책을 잘 써서 언젠가 '유퀴즈'에 출연하는 것이다. 그러기 위해서 오늘도 목표를 향해 열심히 달렸다.

   오늘의 내 목표는 이번 챕터 마무리하기였다.

"안녕하세요, 혹시 세계여행 대안학교인가요?"

"네, 맞습니다. 어떤 일로 연락 주셨을까요?"

"아, 다름이 아니고… 입학 문의를 좀 드리고 싶어서 그러는데요. 저희 아이가 일반 학교에 다니다가 자퇴했어요. 이유는… 같은 반 친구들이랑 잘 못 어울린 거 같은데… 학교 내에서 따돌림이 좀 많았나 봐요. 그래서 지금 많이 위축된 거 같고, 굉장히 무기력하거든요. 아무것도 하고 싶지 않다고 하고…. 그런데 이제 자퇴한 지 시간도 꽤 지났고 아이가 어린 나이도 아니다 보니 걱정이 되어서요. 저희가 말을 해도 움직이려고 하지 않아서 방법을 찾다가 지인의 추천을 받아서 이렇게 연락을 드리게 되었어요."

"아, 그러시군요. 요즘 종종 들리는 이야기인 거 같습니다."

"그런가요? 아무튼 저도 아이의 새로운 거처를 좀 알아보려고 하다 보니 여기저기 연락을 드려 보고 상담도 많이 받아 봤어요. 이상적이라고 생각되는 학교도 여럿 봤는데 그런 교육이 우리 아이에게 과연 도움이 될까 하는 의문이 들더라구요. 여러 가지 고민을 하던 와중에 여기를 알게 되었고, 홈페이지에 올라온 여러 가지 글들을 읽어 보니 현실적인 교육, 사회로 나가기 위한 준비, 자립심 같은 단어들이 제 생각과 비슷한 거 같아서 이렇게 연락을 드리게 되었습니다. 혹시 추가 입학은 어려울지요?"

가끔 받는 상담 문의다. 일반학교의 교육에 대한 불만이 높아지고, 보편적인 수업보다는 색깔 있는 대안학교 교육을 통해 아이들의 길을 찾아주려는 부모가 점점 늘어나고 있다. 물론 위의 상담처럼 일반 학교에 적응하지 못하는 학생들이 대안학교를 찾기도 한다. 그리고 이러한 학생과 학부모의 니즈에 맞춰 새로운 교육 시스템을 제공하는 '대안학교'가 점차 증가하는 추세다.

교육 시스템이 더욱 다양해지는 이러한 변화는 결국 교육의 폭이 더 넓어지는 것이니 긍정적 변화라고 볼 수 있겠다.

과거에는 일반학교 적응을 못하는 학생들, 또는 문제를 많이 일으키는 학생들이 대안학교에 입학하는 경우가 다수였지만, 요즘은 그렇지 않은 경우도 많아지면서 대안학교에 대한 이미지가 확실히 개선되고 있다. 예전에는 대안학교에 다닌다고 하면 곱지 않은 시선으로 보는 사람들이 많았던 것 같다. 일반학교를 자퇴하는 것이 긍정적으로 비치지 않았기 때문이다.

그러나 요즘 TV 프로그램에서 다니던 학교를 자퇴하고 본인의 길을 찾아가는 학생들이 많이 소개되면서, 대안학교에 다니는 것 또한 새로운 길을 선택한 멋진 학생들로 보는 시선이 많아진 것 같다는 느낌이다.

그렇다면 우리 아이를 어떤 대안학교에 보내면 좋을까? 어떤 교육을 받게 하는 것이 좋을까? 교육은 절대적인 것이 아니므로 학생마다 필요한 교육이 다를 것이다. 그렇기에 자신에게 맞는 교육을 찾는 것이 중요한데, 다른 것은 몰라도 개인적으로 피했으면 하는 교육 가치관이 있어 이를 공유해 보고 싶다.

내가 피하면 좋겠다고 생각하는 학교 중 하나는 '이상적인 교육 방식'을 추구하는 학교다. 이상적 교육을 내세우는 것이 학교 홍보용으로는 참 좋을 것 같다. 이상적인 사회를 싫어하는 사람은 아무도 없는 만큼, 이상적인 교육 시스템에 대해 들으면 확 끌릴 수 있기 때문이다.

학생의 인권을 존중해 줘야 한다, 그들도 우리와 같이 생각할 수 있다, 그들의 의견을 무시해선 안 된다 등과 같은 가치를 내세우며 그럴싸한 이야기로 학부모를 현혹시킨다. 그들의 취지는 선생님과 학생들을 어른과 아이로 나누는 것이 아니라 동일선상에 두고 같은 대우를 해야 한다는 것이다.

'우리 아이가 이렇게 존중받으면서 학교에 다닌다고? 우리 아이도 충분히 생각할 줄 알고, 자신의 의사도 표현할 줄 아니까 이런 학교가 맞을 거 같은데? 어른들과 공평하게 존중받는 곳에서 교육받는다면 우리 아이의 자존감도 많이 올라갈 수 있지 않을까?'

부모들은 사랑스러운 자식들이 어디 가더라도 대우받으며 지내길 바라기에 위와 같은 교육 방식에 솔깃할 수밖에 없다. 실제로 이런 학교들은 아이들을 존중하겠다고 하면서 선생들과 학생들이 서로 제임스, 피터라고 영어 이름을 사용해 부르기도 하며, 어떤 학교는 서로 존댓말을 사용해서 대화를 하는 곳도 있다.

그냥 들으면 나쁘지는 않을 것 같은 이런 교육이 대체 왜 문제가 될까? 가장 큰 이유는, 이런 교육을 받은 학생들이 사회에 나가면 적응하는 데 어려움을 겪기 때문이다. 그럴 수밖에 없는 것이, 우리 사회는 이상적이지 않기 때문이다.

내가 듣기 싫어하는 말이 있다. 바로 '대안학교 출신 애들은 사회에 잘 적응하지 못한다.'라는 말이다. 이러한 의견이 기사에까지 실리는 것을 보면 단지 소수의 의견은 아닌 것 같다. 대체 왜 이런 말들이 나오는 지를 보면 위와 같이 이상적 교육을 추구하는 대안학교들을 통해 알 수 있다.

학교는 아이들이 사회로 나가기 전에 준비시켜 주는 곳이라 생각한다. 그런데 지금까지 이상적으로 변화하지 않았고, 변할 수도 없는 사회에 진입을 준비하는 아이들에게 이상적이기만 한 교육을 추구하고 가르치는 것은 결코 옳은 교육이라고 볼 수 없다. 우리 사회는 현실적이다. 이에 적응할 수 있도록 아이들을 준비시켜 줘야 하는데, 현실적인 사회를 비판만 하도록 가르치는 교육은 오히려 부정적이고 회피성 있는 아이들로 성장시킨다.

자본주의 사회에서 서열과 경쟁은 불가피한 요소이다. 이를 부정적으로만 볼 것이 아니라, 어떻게 하면 더 현명하게 이용하고 더 잘 적응하며 어떻게 살아남을 지를 가르치는 교육이 필요하다.

생각해 보자. 10대 시절 내내 어른들로부터 존중받고 대우받던 아이가 성인이 되어 사회에 나가면 어떻겠는가.

사회 초년생을 대우해주는 회사는 존재하지 않는다. 초년생인 만큼 자신의 태도를 낮추고 윗사람을 공경하며, 예의 있고 센스 있게 자신의 위치를 만들어 가는 것이 사회에서 살아남는 현명한 방법이다. 사회에 나가서도 아직 배워야 할 것이 너무나 많기 때문에 겸손한 태도로 상사의 비위를 맞춰 가며 경력과 실력을 늘리는 것도 필요한 부분이다.

그런데 아이는 어릴 적부터 나이와 계급을 떠나 자신을 대우해 주는 환경에서 자라다 보니 자신을 무시하는 소리를 받아들이지 못한다. 그리곤 불만을 터뜨리게 될 것이다.

"이렇게 나를 대접해주지 않는 곳에서 더 이상 있을 순 없어! 다른 회사로 이직을 해야지. 매너 있는 회사로 말이야."

그런데 안타깝지만 그런 회사는 아마 굉장히 드물 것이다. '해외로 취직하면 되겠지. 그쪽은 우리나라와 다르게 서로를 더 존중하니까 말이야!'라고 생각할 수도 있겠지만, 외국 회사 역시 어느 정도 수직적 관계는 존재한다. 다른 나라로 가려고 해도 선택지가 적다는 것이다.

한 가지 확실한 것은 아마 이 친구의 퇴사 소식은 다른 직원들에게 희소식일 것이다. 분명 아무것도 모르는 친구가 무언가를 아는 척하며 이야기하는 모습이나 웃어른과 선배를 대우하는 방법을 모르는 모습에 이미 기가 찼을 테니 말이다.

요즘 여러 코미디 채널에서 MZ세대를 풍자하고 있다. (나 또한 MZ세대의 일원으로서 이런 풍자가 그리 반갑지는 않다.) 그리고 영상을 본 사람들 중 몇몇은 그렇게 희화화된 부분이 결코 과장되지 않았다는 것을 인정할 것이다. 실제로 남들을 배려할 줄 아는 젊은이보다 개인주의 성향이 강한 아이들이 상대적으로 많아졌기 때문이다.

나는 '센스' 있는 것, 즉 눈치가 있는 것은 내 기분이나 감정보다는 남을 먼저 관찰하고 배려하면서 생기는 것이라고 생각한다. 그런데 오로지 대접받기만 하는 삶을 살아왔고 내가 제일 중요하다는 교육을 받고 자란 아이들이 어떻게 남을 먼저 생각할 수 있겠는가. 매순간 자신들의 몫을 요구하고, 주변을 신경 쓰지 않고 행하는 개인 행동은 사회에서 인정받기가 어려울 수밖에 없다.

그런데 이것은 '이상적 교육'을 추구하는 대안학교들만의 문제는 아니다. 가정 내에서 그런 교육을 하는 부모들도 꼭 개선해야 한다고 생각한다. 요즘 부모들 중 대다수가 아이를 존중하겠다는 생각으로 대부분의 선택권을 아이들에게 준다. 그들이 주체적으로 선택하는 경험을 하게 해 주며 독립적으로 성장할 수 있게끔 하려는 좋은 의도 임은 분명하지만, 그에 비해 결과가 그리 좋지는 않다.

그 이유는 간단하다. 아이들은 '아이들'인 이유가 있는데, 그들에게 아직 과한 인생의 선택을 하게 하고, 무엇이든 노력하다 보면 지칠 수 있는데 그런 변덕이 있을 때 끝까지 본인의 선택을 책임지도록 하게 하지 않기 때문이다.

예를 들어, 아이가 피아노를 배우고 싶다고 하자. 마음 착한 부모는 아이가 원하니 피아노 학원을 등록해 준다. 어떤 취미든지 어느 정도 실력을 갖추려면 기본기를 배우는 지루한 시간과 실력이 전혀 늘지 않는 슬럼프 기간 등을 이겨내며 꾸준히 연습하고 노력해야 한다. 그러나 유튜브로 피아노를 아주 멋지게 치는 영상만 보고 피아노를 배우려는 아이는 그러한 과정을 예상치 못한다. 생각보다 어렵고 늘지 않는 실력 때문에 그토록 가고 싶었던 피아노 학원이 이제는 죽어도 가고 싶지 않은 곳이 된다. 결국 본인 재능이 부족하다고 생각하고 다시 부모에게 말한다.

"피아노 그만 칠래."

부모는 금방 포기하려는 아이의 말을 듣고 처음에는 나름대로 설득해 보려고 할 것이다. 그러나 너무 힘들어서 그만하겠다고 울고 불고 하는 아이와 더 실랑이할 생각이 들지는 않는다. 결국 이번에도 아이에게 선택권을 주고 아이는 본인의 바람대로 피아노를 그만둔다. 이 과정 속에서 아이는 결국 본인의 선택을 끝까지 책임지는 법을 배우지 못하고, 결국 끈기도 사라진다.

부모는 아이가 충분히 이성적인 생각을 하고 본인의 미래에 대해 충분히 고찰하여 옳은 판단을 할 수 있을 것이라 생각한다. 어쩌면 나중에 '엄마가 하라 그래서 했더니 이렇게 됐잖아!'라는 비난을 피하기 위한 책임 회피 방법일지도 모르겠다.

하지만 우리가 기억해야 하는 것은 아무리 요즘 아이들이 많은 것을 안다고 해도 아이는 아이라는 점이다. 아직 본인의 삶에 어떤 것이 이득이 되는지도 잘 모르고, 지금의 노력이 얼마나 중요한지도 모르며, 어떤 것이든 힘들더라도 꾸준히 하는 것이 성장이라는 것도 알지 못한다. 자식 이기는 부모 없다고 하지만, 나는 아이가 미성년자일 때는 어떤 수단을 쓰더라도 부모가 자식을 이길 수 있어야 한다고 믿는다. 그리고 아이들은 부모를 믿고 따라갈 수 있어야 한다. 물론 이 과정이 결코 쉽지만은 않겠지만 말이다.

나는 길을 걸어 다닐 때 사람들을 관찰하는 것을 좋아한다. 가끔 눈이 마주쳐서 어색한 순간들이 있지만 세상에 너무나 다양하게 본인들의 삶을 살아가는 사람들을 보며 흥미를 느낀다. 그러면서 알게 된 것은 우리나라는 아이들을 주도적으로 키우는 것이 애초에 어려운 환경이라는 것이다. 부모들은 아이들을 한없이 어리게 보고 어떻게든 안전하게 키우려고 노력한다. 밖으로 나가려는 아이에게 추우니 옷을 따뜻하게 입으라고 하고, 지갑은 챙겼는지, 소지품은 잊지 않았는지 끝없이 간섭한다.

이와 비슷한 모습을 실제로 보았는데 지하철 역에서 아이의 겉옷을 들고 있던 엄마가 역을 나서자마자 아이에게 춥다고 옷을 입혀 주는 장면이었다. 단순한 상상이었지만, 내가 그 아이의 지인이었다면 뒤통수를 딱 치며 "네 짐은 네가 들어라."라고 한소리 하고, 옷을 대신 들어 주던 어머님께도 이러면 평생 아이 뒷바라지를 하셔야 할 거라고 경고했을 것이다.

집에 혼자 있었던 아이에게도 밥은 먹었는지, 숙제는 했는지, 까먹은 것은 없는지 등 끝없이 관여하려 든다. 그리고 아이가 어쩌다 실수라도 하면 어떻게든 그 뒷처리를 책임져주는 것이 우리나라 부모들의 특징이다. 그런데 이런 방식으로 아이를 키워 놓고 나서 중고등학생 때 진로를 걱정하는 아이에게는 모든 선택권을 맡긴다.

"엄마 아빠는 어떤 선택이든 존중하니까, 네가 좋아하는 걸 찾아 봐. 네 인생이니까 네가 원하는 것을 해 봐야지."

위의 말은 참 멋지고 자상한 부모의 말 같지만, 이러한 책임 전가는 아이들에게 큰 부담으로 다가갈 수밖에 없다. 지금껏 작은 일조차도 본인이 선택한 적이 없고 이에 따른 책임을 져 본 적도 없었기에, 자신의 앞길을 스스로 선택하라는 것이나 하고 싶은 것을 하라는 것은 결코 반가운 소식이 아니다. 아이들이 스스로의 길을 선택할 수 있게끔, 그리고 그 길이 어떤 길이든 스스로 책임질 수 있게끔 하려면 어릴 적부터 훈련이 필요하다.

아이가 춥게 입고 나가면 추위를 스스로 느끼고 다시 집으로 돌아와서 겉옷을 입고 나가도록 하며, 굳이 고집 부려 겉옷을 안 입고 가면 하루 종일 추위에 시달리며 자신의 선택에 대한 책임을 스스로 져 봐야 한다. 감기에 걸린다면 그 또한 본인이 선택한 것에 대한 책임인 것이다.

마찬가지로 집에 있는 동안 밥을 안 먹었다면 스스로 먹지 않은 것이기에 배고픔 또한 감수하는 책임, 숙제를 하지 않았으면 그건 본인의 일이고 학교가 관리하는 부분이기도 하니 학교에 맡겨야 한다. 학교에서 아이에게 이에 따른 책임을 지게 했을 때는 "우리 아이한테 왜 그래요!"라고 항의할 것이 아니라 본인의 일을 잘하지 못했으므로 책임지는 연습을 하게 해준 학교에 감사해야 한다. 그래야 자신의 작은 행동에도 큰 책임이 따를 수 있다는 것을 인지하고 어떤 실수에도 스스로 책임지는 습관을 가지며 그 결과 자신의 일을 스스로 어떻게든 해결할 수 있다는 자신감이 생길 수 있다.

하지만 이러한 과정 없이 그저 아이의 선택을 무조건 존중하고, 스스로 책임지지 않는 교육 방식을 추구하고 실행한다면 이상적인 교육과 현실이 서로 어긋나 오히려 아이들에게 옳지 않은 교육이 될 수 있는 것이다.

사회적 규제나 부모와 교사의 개입 없이 아이들에게 모든 선택을 하게끔 하는 것이 과연 좋은 것인지에 관한 실험 예시를 한 가지 공유하고 싶다.

몇 년 전, 미국 AI(인공지능) 회사인 '솔트룩스'에서 한 가지 재미있는 실험을 했다. 5살 정도의 지능을 가진 두 인공지능을 만들어서 진행한 실험이었다. 인공지능 두 개를 만들고, 한 인공지능에는 유튜브 알고리즘에 따라 재생되는 영상들을 '자유롭게' 보여주었고, 또 다른 인공지능에는 어린이를 대상으로 하는 '제한된' 영상들을 보여주었다. 특정 시간이 지나고 나서 '엄마'라고 인식되는 시스템을 투입하여 두 인공지능과 대화하도록 했는데 대화 내용이 참 놀라웠다.

엄마가 어린이 유튜브만 본 인공지능에게 반갑다고 인사를 하자이 인공지능은 다음과 같이 대답하였다.

"엄마. 반가워요."

반면 알고리즘을 통해 영상을 자유롭게 본 인공지능은 다음과 같이 대답하였다.

"뭐가 반가워요? 나한테 관심 좀 그만 줘."

다음 질문으로 유치원에서 무엇을 배웠는지 묻는 질문에 첫 번째 인공지능은 다음과 같이 대답하였다.

"종이접기를 배웠어요."

반면 두 번째 인공지능은 다음과 같이 대답하였다.

"찌질한 애들뿐이라 노잼이다."

그리고 마지막으로 엄마가 두 인공지능에게 사랑한다고 말을 하자 첫 번째 인공지능은 다음과 같이 대답하였다.

"저도 엄마를 사랑해요."

하지만 두 번째 인공지능은 다음과 같이 대답하였다.

"나한테 사랑을 강요하지 마세요. 개짜증 난다."

이 실험이 보여주는 것은 어떠한 것도 제한되지 않는 환경에서 자신들이 원하는대로 자라나는 아이들은 옳지 않은 길로 자랄 수밖에 없다는 것이다.

아이들은 사춘기를 겪으면서 스스로 많이 컸으므로 어른들만큼 옳은 판단을 충분히 내릴 수 있다고 생각하는데, 이는 착각이다. 이 부분은 우리도 잘 알고 있지 않은가? 나도 어릴 적에는 어른들과 비교했을 때 전혀 부족한 것이 없다는 어리석은 생각을 했었다.

아이들이 핸드폰을 자유롭게 사용하는 요즘은 그런 생각이 더 심할 수밖에 없다. 그렇기에 너무 어릴 때부터 핸드폰을 사용하면서 어른들이 상상할 수도 없는 영상들을 접하고 있는 아이들에게는 확실한 제재가 필요하다. '친구 따라 강남 간다.'라는 속담도 있고, '친구를 잘 만나야 한다.'라는 어른들의 말씀도 있는데, 요즘 아이들의 가장 친한 친구 '핸드폰'이 어떤 친구인지 잘 아는 부모는 없을 것이라 생각한다. 그렇기에 부모들은 더욱더 아이늘에게 바른 방향으로 안내해 주는 지침서가 되어야 한다.

나는 동물들을 굉장히 좋아하는데, 가끔씩 동물이 인간보다 더 나은 교육자인 것 같다고 생각할 때가 있다. 곰을 예시로 봐도 어린 곰이 어느 정도 성장했다 싶으면 어미 곰은 새끼 곰을 아주 맛

있는 산딸기가 열린 밭에 데려가서 딸기를 실컷 먹게 해 준다. 그리고 새끼가 딸기에 집중하고 있을 때 어미는 그 곁을 떠난다. 이제 새끼 곰은 자신의 길을 스스로 개척해 나가며 성장할 때가 되었기 때문이다. 물론 어미는 새끼와 더 오랜 시간을 보내고 싶었을 것이다. 새끼를 등지고 돌아서는 어미 곰의 마음은 내가 감히 헤아릴 수도 없다. 하지만 그러한 방법이 새끼 곰을 살릴 수 있는 유일한 방법이라는 것을 알기에 어미 곰은 자신의 욕심을 내려놓는 것이다.

그런데 반대로 그런 상황을 겪은 새끼 곰은 어떤 마음일까? 갑자기 자신을 버리고 간 어미가 좋게 생각되지는 않을 것 같다. 그 큰 뜻을 알기엔 아직 때가 되지 않았기 때문이다. 그래서 그 순간만큼은 아마 많은 원망을 할 것 같다. 삶이 한순간에 너무 고되어질 테니 말이다.

내가 아이들을 가르칠 때 다짐한 것은 '악역'을 맡자는 것이었다. 학생들이 어쩌면 칼 같은 나의 모습을 보고 나를 미워할 수도 있을 것이다. 하지만 나는 어미 곰과 같은 역할을 해 줄 수 있는 사람이 필요하다고 생각하기에 감수하겠다고 마음먹었다. 여기에는 우리 아이들이 현실 사회에서 누구보다 잘 적응해 인정받기를 바라는 마음이 가장 크다.

그럼 학교에서는 어떻게 해야 아이들을 사회에 잘 적응할 수 있는 어른으로 키울 수 있을까? 현실 사회에서 떼려야 뗄 수 없는 것은 과연 무엇일까? 다른 챕터에서 인간관계, 소통하는 법, 책임감 등에 대해 이야기했는데, 이번에는 '경쟁'에 대해서 이야기해 보려 한다.

서로 경쟁하면서 상대를 깎아내리고 남보다는 자신의 이익에만 몰두하는 상황들이 발생하다 보니, 사람들은 경쟁을 그리 좋아하지 않는다. 하지만 사회에서 경쟁이 없어질 수 있을까? 자본주의 사회에서 경쟁이 없을 수는 없다.

물론 사람들이 경쟁을 원하지 않는다는 점은 충분히 이해할 수 있다. 경쟁이 없다면 얼마나 이상적인가. 경쟁으로 인해서 서로를 시기하게 되고, 또 경쟁에서 패배하면 많은 스트레스를 받을 수 있는데, 이 모든 것들이 없어진다니 말이다. 그리고 이런 이상적인 생각을 기반으로 만들어진 사상이 공산주의일 것이다. 그런데 그 결과는 모두가 알다시피 처참하다.

우리 학교에서는 아침 운동을 필수적으로 한다. 이는 '체력'을 중요하게 생각하기 때문이다. 아침 운동에서는 축구, 피구, 농구 등 다양한 종목을 하지만 가장 기본적으로 하는 운동은 단연코 조깅이다. 개인적으로 조깅을 좋아하지는 않는다. 텐션이 떨어지는 운동보다는 조금 더 스피디하고 빠른 전환이 있는 스포츠를 좋아하는 편이어서 그런 것 같다. 하지만 조깅이 체력과 정신력을 성장시키는 데 있어서 정말 중요한 운동이라는 점은 인정한다. 그렇기에 학생들과 종종 조깅을 한다.

조깅을 할 때 한 가지 규칙이 있다. 바로 아무리 느리게 뛸지언정 '절대로 걷지 않기'이다. 굳이 나보다 체력이 좋아서 빨리 뛰는 앞사람의 페이스를 따라갈 필요는 없지만, 최소한 자신과의 싸움에서는 이기길 바라는 마음에서 생긴 규칙이다.

조깅을 하다 보면 지쳐서 종종 걷고 싶다는 충동이 생기는데 이를 이겨내길 바라는 것이다. 그리고 어느 정도 체력이 조금씩 생겨서 안 걷고 뛰는 것을 마스터하고 나면 두 가지를 추가적으로 이야기한다. 첫 번째는 꼭 시간을 재서 어제의 나보다 1초라도 더 빠르게 뛰어 도착하기, 두 번째는 내가 매번 조깅을 하며 이겼던 상대에게는 절대로 지지 않기다.

아침 조깅으로는 보통 3킬로미터를 뛰는데, 그중 반은 오르막길이라서 쉽지만은 않다. 그래서 처음 오는 친구들은 이러한 경쟁 구도를 특히 힘들게 생각한다. 이미 이긴 대상이었기에 다시 이길 수 있다는 자신감이 있어야 하는데, 다음에는 질지도 모른다는 불안감에서 오는 스트레스가 생각보다 큰 것 같다.

"굳이 경쟁을 하면서 뛰어야 하나요?"

조깅을 싫어하는 친구들은 묻는다. 이런 질문을 하는 친구들은 다른 상황에서도 나에게 비슷한 질문을 하는데 그 질문은 이렇다.

"굳이 시험을 봐야 하나요?"

시험이라는 것 자체에서 오는 스트레스, 그리고 또 점수가 나오면서 또 경쟁 구조가 생기는 것에 대한 스트레스가 불만으로 나오는 것이다. 나는 그런 친구들에게 말한다.

"그런 것마저 없다면 너희가 과연 공부를 열심히 할까?"

경쟁은 결코 나쁜 것이 아니다. 그리고 결코 두려워할 것도 아니다. 물론 두렵다고 해서 피할 수도 없다. 현실적인 사회에서 경쟁은 어디에서나 존재하고 그 속에서 패배한다면 도태될 수밖에 없기 때문이다. 그렇기에 그 '패배'를 패배로 느끼지 않게끔 경쟁을 어떻게 받아들여야 하는지, 그리고 무엇보다 '피할 수 없는 것을 어떻게 즐겨야 하는지'를 알려줘야 한다고 생각한다.

경쟁에는 꼭 남을 헐뜯고, 내 몫만 챙기는 경쟁만 있는 것이 아니라 '선의의 경쟁'도 있기에 서로가 윈윈할 수 있다는 것을 알려주고, 경쟁에서 지더라도 그것은 패배가 아니라 과정이라는 것을 인지시켜 주어야 한다. 설령 내가 상대에게 지더라도 경쟁에서 승리하기 위해 노력했으니 어제의 나보다는 성장했다는 것을 알려주는 교육이 필요하며, 경쟁에서 이겨도 이기기 위해 열심히 노력하였던

동기를 제공한 라이벌에게 감사할 줄 아는 태도를 가르치는 것도 중요하다. 그래야 사회에 나와서 불가피하게 경쟁 상황을 맞이하더라도 가볍게 이겨 나갈 수 있는 것이다.

정리하자면, 편의를 추구하고 이상적인 교육만을 지향하는 현재의 교육 트렌드는 아이들을 점점 더 약하게 만들고 있다. 나는 우리 아이들이 치열한 사회에서 살아남을 수 있으려면 10대 때부터 비슷한 경험을 할 수 있는 현실적 교육이 답이라고 생각한다. 10대는 특히 여러 번 부딪혀 보고, 다시 일어서 보고, 또다시 부딪히는 시기다. 그래서 나는 우리 학교에 상담하러 오시는 학부모님들께 이렇게 말씀드린다.

"우리 인간의 모든 성향이 각기 다른 것처럼, 누군가에겐 이상적인 교육이 맞을 수도 있을 것입니다. 현실적인 교육을 하기엔 아이가 너무나 정신적으로 나약해 받아들이기 어려울 수 있으니까요. 하지만 그런 교육으로는 학부모님께서 원하시는 대로 아이를 자립심 있는 어른으로 성장시키기는 너무나 어렵습니다. 아시다시피 바깥 사회는 녹록지 않으니까요. 아마 이렇게 말씀드리면 "돈이 중요한 자본주의 사회, 남을 밟고 일어나야 성공하는 사회에 맞게 아이들을 돈의 노예, 성공의 노예로, 사회에 맞춰 키워야 하는 것인가요?"라고 말씀하실 수 있습니다.

하지만 제 말의 뜻은 그런 것이 아닙니다. 다만 우리 사회는 자본주의 사회이고, 따라서 경쟁은 불가피하므로, 아이를 보호하고 경쟁을 기피하는 교육이 아니라 현실을 직면할 수 있는 교육을 할 수 있어야 한다는 것입니다.

아이들을 과하게 보호하려는 생각이 오히려 독이 되는 요즘입니다. 매해 학교를 하면서 느끼지만, 아이들이 점점 약해지고 아파하고 있습니다. 예전에는 정말 보기 힘들던 정신병을 가진 학생들을 요즘은 너무나 많이 마주하고 있습니다. 우울증, ADHD, 무기력증 등 어린 나이에 벌써부터 이런 병들로 고생하고 있는 것이 참으로 안타까운 상황입니다. 아이들이 건강할 수 있게 구출해야 하고, 이 구출은 올바른 교육으로 인해 진행될 수 있습니다.

그 과정이 결코 쉽지 않은 것을 저 또한 알고 있지만 어떤 성장이 고통 없이 이뤄질 수 있을까요? 누구나 변화는 싫어하고, 힘든 것을 좋아하지 않습니다. 하지만 아직은 배우는 시기이기에 결코 늦지 않았습니다. 한 번 선택을 한다면 최소 3~4년간은 꾸준히 할 수 있는 힘, 집중할 수 있는 힘, 이를 버틸 수 있는 건강한 체력과 정신력, 바른 인간관계 등 다양한 경험을 통해 직접 부딪혀 가게끔 해야 합니다.

어머님께서 마음을 단단하게 먹으셔야 합니다. 아이의 울음과 투정에 마음이 약해지신다면 꼭 기억하셔야 합니다. 지금이라도 어머님께서 마음을 굳게 먹지 않으시면 내 아이가 30살, 40살이 되더라도 이러고 있을 것이라는 것을요. 우리 사회는 현실적이며, 아이들은 성인이 되기 전까지 그런 사회에 나갈 준비를 마쳐야 합니다. 그렇기에 아이들을 교육하실 때 지금 이 아이에게 '편할 것 같은데.' 또는 '어렵지 않게 할 거 같은데.'에 포커스를 두는 것이 아니라, '어렵겠지만 도전할 가치가 있는가?'에 포커스를 두고 결정해야 한다고 생각합니다. 그래야 아이들이 학부모님께서 바라시는 것처럼 멋지게 독립할 수 있다고 믿거든요. 아이들을 두려워하지 마세요. 지금 잡지 못하면 저번에 말씀드린 제재 없이 성장한 5살 지능 AI처럼 더 속수무책일 수 있습니다.

그리고 같이 온 친구야. 너도 마음 단단히 먹어야 해. 힘든 것은 자꾸 피하고 싶지? 그런데 힘든 시기는 인생을 살아가면서 무조건 찾아올 거야. 그린데 그게 늦게 찾아오면 찾아올수록 견디기 어렵다. 그러니 그 시기가 일찍 온다면 오히려 감사하고 잘 이겨내 보자. 지금은 사회에 나가기 위해 준비하는 시기야. 실수할 수 있고, 주저앉을 수 있어. 그건 전혀 부끄러운 것이 아니야. 아직은 과정이니까 말이야.

그리고 또 하나 기억할 것. 부모님의 마음 헤아리기. 마치 지금 네가 약하고 힘든 것이 부모의 탓이라고 생각하지는 말아라. 너도 어떤 일을 처음 하다 보면 실수를 할 수 있는 것처럼 부모님들도 처음 부모가 되다 보니 네 마음과 맞지 않아 서로 오해가 있기도 했을 거야. 하지만 확실한 것은 너도 이미 알다시피 그분들은 그 위치에서 너를 위해 최선을 다하셨다. 앞으로도 그러실 것이고. 그 마음 의심치 말고 아직은 미숙한 단계이니, 너를 사랑하는 사람들의 조언을 잘 새겨듣고 움직이자. 지금의 아픔과 고통은 성장이 되어 나중에 네가 하고 싶은 것을 반드시 할 수 있는 날로 다가올 테니 말이야."

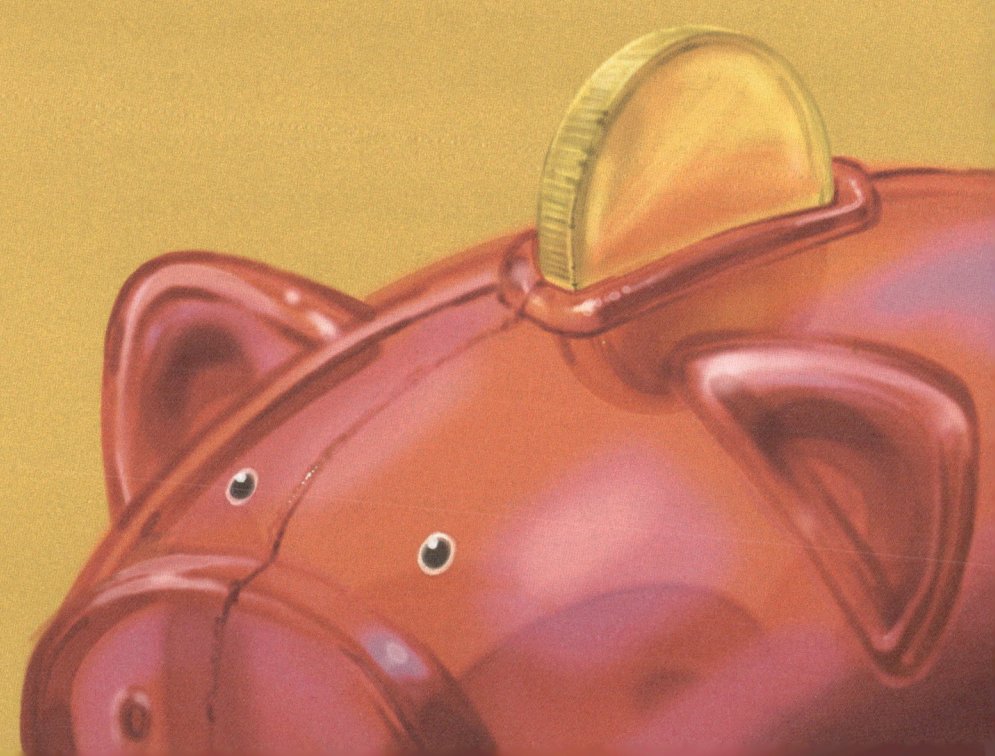

"선생님, 저 드릴 말씀이 있습니다."

"뭐지?"

"저희 정산 시스템 있잖아요. 학교에서 하는."

"응."

"그 정산 시스템에서 전 빠지고 싶습니다."

"이유는?"

"그냥 뭐…. 솔직히 정산을 왜 해야 하는지 모르겠어요. 저희가 한 만큼 돈으로 환산받아서 용돈으로 쓰는 건데…. 그 시스템이 저희를 돈의 노예로 만든다고 생각합니다. 모든 걸 다 돈으로 생각해야 하잖아요. 일기 쓰면 그에 따른 돈, 일기 제때 못 내면 그에 따른 차감, 영단어 공부를 하면 그에 따른 돈, 시험 패스 못하면 그에 따른 차감…. 이런 것들이 계속 돈, 돈, 돈 하게 만드는 것 같아요. 그런데 저는 돈의 노예로 살고 싶지 않거든요. 그래서 정산에서 빠지고 싶습니다."

"그래, 그렇게 생각할 수 있지. 그러면 내가 하나만 묻자. 현재 정산 시스템은 우리 사회와 같은데, 네가 성인이 되어 사회에 나갔을 때 그 시스템 속에서 너는 돈의 노예가 안 될 수 있을까?"

 앞 장에서 잠깐 이야기한 것처럼 우리 학교는 '정산'이라는 시스템을 이행하고 있다. 다시 한 번 간단하게 설명하자면 정산은 매주 진행되며 일주일 동안 학생들이 참여한 학교 프로그램, 본인의 공부 등을 돈으로 환산하여 가져가는 시스템이다.

 수업을 잘 참여하거나 숙제를 잘 해 오면 받을 수 있는 금액이 커지며, 반대로 수업 시간에 늦는다거나 숙제를 안 해 온다거나 학교 규칙을 어긴다거나 하면 패널티가 적용되어 금액이 낮아질 수 있다. 정산을 통해 번 돈으로 학생들은 생필품을 구입하거나 간식을 구입하는 데 사용할 수 있다.

 그런데 여기서 한 가지 조건이 있다. 그 조건은 정산을 할 때 정해진 기본 금액 이상이 되어야 그 금액을 가져갈 수 있다는 것이다. 이렇게 정해진 기본 금액을 '밥값'이라고 부른다. 밥값을 넘기지 못하는 것은 필수 과제를 제대로 이행하지 않은 것이기에 다른 부분을 통해 메꾸지 않는 이상 빚이 되곤 한다.

 위의 상담은 한 학생이 정산을 몇 주간 제대로 못해서 빚더미에 쌓이자 나에게 정산을 하고 싶지 않다고 제안한 것이다.

우리 학교가 정산을 하는 이유는 사회를 미리 경험하는 데 가장 적합한 시스템이라고 생각하기 때문이다. 본인이 활동한 만큼 벌고 그만큼 쓰는 것이다. 본인이 잘하지 못하면 돈을 벌지 못하고, 정산을 잘한 친구들이 간식을 사 먹을 때 본인은 사 먹지 못한다. 돈이 있는 학생 입장에서는 돈의 소중함을 알게 되면서 경제적 인식을 빠르게 키워 나갈 수 있고, 돈이 없는 학생 입장에서는 상대적 빈곤함을 느낄 수 있지만 또 이를 통해 돈을 벌어야 하는 이유에 대해 생각해 볼 수 있다.

자본주의 사회에서 빠질 수 없는 것은 바로 '돈'이다. 돈으로 행복을 살 수 없다는 말은 요즘 '돈으로 행복을 살 수 없다면 돈이 충분치 않아서이다.'라는 말로 대체되고 있을 정도로 '돈'의 가치는 점점 높아지고 있다. 어른들뿐만 아니라 아이들까지 '돈, 돈, 돈' 하는 시대이고, 쉬운 방법으로 많은 돈을 벌고 싶어하는 사람들의 욕심은 최고치를 찍고 있는 듯하다. 왜 이렇게 우리는 물질적인 것에 집중하게 되었을까.

많은 이유가 있겠지만 이런 상황을 만들어 낸 가장 큰 이유는 아무래도 소셜 미디어 때문이 아닌가 싶다. 자랑 없이는 살 수 없는 요즘 시대. 보여 주기식의 무대에 빠져 누가누가 더 잘 사는지를 경쟁하고 있는 우리 시대. 매해 경제는 역대 최악이라는 기사가 뜨지만 명품 판매량은 해마다 최고치를 찍고 있는 현재 우리나라. 참으로 아이러니하지 않을 수 없다. 매해 치솟는 물가, 거기에 맞춰 살아가야 하는 사회 속에서 돈 없이는 살기가 힘들다. 그래서 우리 가족은 '돈'이라는 개념을 더 어릴 적부터 접해야 한다고 생각했다. '제대로' 말이다.

세계 여행을 하던 중, 어느 날 어머니께서 한가하게 돌아다니기만 하고 시간을 잘 쓰지 않던 우리들에게 '정산 시스템'이란 것을 도입한다고 하셨다. 이를 통해 우리 삶에 변화를 주고 싶으셨던 것이다.

물론 당시 한국으로 돌아가는 것만이 목표였던 나에게 정산의 도입은 전혀 반갑지 않았다. 왜냐하면 정산에서 실패하면 밥까지 강제적으로 굶어야 했기 때문이다. 이제 왜 우리 학교에서 기본 금액을 '밥값'이라고 부르는지 이해가 되었을 듯하다. 그 주에 밥을 먹었다면 그 값을 치러야 한다는 조건이 있었고, 안타깝게도 정산을 했을 때 밥값을 넘기지 못하면 밥을 먹지 못했다.

이 시스템은 우리 대안교육기관이 설립된 첫 해까지는 똑같이 진행되었는데, 여러 학부모님들께서 안 그래도 타지에서 고생하는 아이들이 밥까지 굶는 것은 너무 마음 아프다 하여 굶는 것 대신 '빚'이 생기는 것으로 수정하였다.

아무튼 내가 해외에서 여행을 하며 정산을 하던 시절에는 정산을 제대로 하지 않으면 밥을 먹지 못하는 상황이었는데, 그 시점을 기준으로 나의 '단식투쟁'은 더 이상 나의 선택으로 진행되는 것이 아니었다. 물론, 그래도 굶어 죽지는 말라고 가끔 챙겨 주신 간식 덕분에 겨우 연명은 할 수는 있었다.

그러던 중에 사건이 발생했다. 세계 여행을 시작한 지 약 4개월 정도 지났을 무렵 인도 중부 지방에 있는 '쩐디가르'라는 곳을 여행하면서 생긴 일이다. 인도 위에 있는 나라인 네팔에서 여행을 시작해서 국경을 넘어 인도로 입국한 다음 북부부터 남부로 여행하고 있던 우리가 중부 지역 도시인 '쩐디가르'를 방문했을 때, 나의 눈은 보름달처럼 커지고 심장은 무엇보다 빨리 뛰기 시작했다.

시내에 도착하여 버스를 타고 숙소로 이동하는데, 너무나 익숙한 알파벳이 내 눈을 사로잡았기 때문이다. 보는 순간 허기를 느끼게 하는 세 글자 KFC⋯. 그때까지 여행하는 동안 한 번도 보지 못했던 유명 치킨 프렌차이즈 가게 KFC가 인도 쩐디가르라는 곳에 있었던 것이다. 여행을 하며 며칠 간 뭔가를 제대로 먹지 못한 나의 입엔 이미 침이 가득 고여 있었다. 내가 돈이 없다는 것을 조금만 늦게 인지했더라면 아마 침이 입밖으로 흘렀을 것이다.

경제 상태를 인지하자마자 나는 또 다시 무기력해졌다. KFC가 있으면 뭐 하나⋯. 사 먹을 수가 없는데⋯. 그냥 그림의 떡이었다.

그렇다고 지금까지 한국에 보내달라고 떼쓰며 버텨 왔는데, 이제 와서 치킨에 굴복할 수는 없었다.

허탈한 마음을 다스리면서 숙소에 도착했는데, 항상 상태가 좋지 않은 숙소에서 머물렀지만 오늘따라 더 허름해 보였다. 그리고 초라한 숙소 속 나의 모습은 더 초라해 보였다. 원하는 것을 사 먹을 수도 없고, 아무것도 할 수 없는 무능력함이 나를 우울하게 만들었다. 그때의 감정이 너무 강렬하게 남아 있는 덕분에 지금까지도 쩐디가르의 숙소를 잘 기억하고 있다.

허물어져 가는 기다란 형태의 시멘트 집… 그 뒤에 넓게 펼쳐져 있는 허허벌판… 그리고 그곳을 유유자적 기어 다니던 거짓말 하나 없이 팔뚝만 한 쥐들…. 예전에 라디오스타에서 지오디 박준형씨가 어느 나라 쥐가 굉장히 거대하고 갱스터처럼 사람도 무서워하지 않고 걸어 다닌다는 에피소드를 이야기했는데, 난 쩐디가르를 떠올리며 그 이야기가 전혀 과장이 아니라고 생각했다. 아무튼 그 와중에 참 아름다웠던 밤하늘까지 모두 기억에서 잊히지 않는다. 밤하늘이 기억에 남을 수 있었던 이유는 그 벌판에 있던 간이식 침대에 누워서 밤하늘을 보며 초라한 현실에 눈물을 훔쳤기 때문이다.

그때였다.
"오빠!"

막내동생이 나를 불렀다. 돌아보니 등 뒤에 무언가를 숨긴 채 나에게 다가오고 있었다.

"왜?"

나의 대답은 퉁명스러울 수밖에 없었다.

"아니, 오빠 이거 먹으라고."

막내동생이 등 뒤에 숨기고 있다가 건네준 것은 다름 아닌 KFC 버켓이었다! 꾸준히 정산을 잘했던 막내동생이 나를 위해 KFC 치킨을 사 준 것이었다.

이걸 받아야 하나 말아야 하나 하고 고민할 새도 없이 이미 내 손은 버켓을 받고 있었다. 지금까지 버티고 버틴 의지로 굳건히 거절했어야 하는데, 간판을 보는 것과 다르게 이미 코를 통해 뇌를 찌르고 있는 치킨 냄새를 맡자마자 나의 의지력은 촛농처럼 녹아 내렸다.

나는 고맙다는 말과 함께 치킨을 흡입했고, 떨어지는 치킨 부스러기들을 열심히 주워 먹는 주변의 쥐들과 함께 맛있는 만찬을 즐겼다. 정신 나간 듯이 치킨을 뜯고 나니 배가 불렀고, 배가 부르고 나니 잠시 내 몸을 가출했던 정신이 돌아왔다.

'4살이나 차이 나는 막내동생을 내가 챙겨주지는 못할 망정 이렇게 도움을 받고 있다니…. 참 모양 빠지는구나. 내가 동생들을 챙길 수 있어야 하는데….'

자존심이 무너지는 순간이었다. 그리고 동시에 정신을 차리고 오빠로서 본보기를 보여 줘야겠다고 다짐한 순간이기도 하다.

그런데 든든한 배를 두드리며 누워서 생각을 하다 보니 갑자기 의문이 생겼다. 막내동생이 아무리 그동안 정산을 잘했다고 해도 KFC 버켓을 사려면 본인의 전재산을 써야 가능했을 텐데 그 모든 돈을 쓰는 게 아깝지는 않았을까? 정말 힘들 게 번 돈이었을 텐데 말이다. 어떻게 그렇게 돈을 거침없이 쓸 수 있었을까? 나라면 그렇게 할 수 있었을까?

'돈 이상의 가치를 보는 눈'을 당시 초등학교 4학년이던 내 동생이 가지고 있지 않았나 싶다. 즉각적으로 떨어지는 수익만을 보는 것이 아니라 다른 가치를 볼 수 있는 눈 말이다. 물론 단순히 내가 너무 안쓰러워서 그런 행동을 했을 수도 있었겠지만, 아무리 그래도 자신이 열심히 모은 전 재산을 다 쏟아부을 수 있는 배포는 오빠를 생각하는 마음, 즉 돈보다 더 큰 가치를 본 것이라고 할 수 있다.

우리 학생들을 보면 제각기 돈을 다르게 대하는 모습을 볼 수 있다. 정산을 어느 정도 한 시점에 아이들의 요청으로 쇼핑을 하러 가는 때가 있다. 쇼핑을 갔다 오면 대부분의 아이들은 본인의 간식을 양손 가득 사 가지고 오는 경우가 많다. 그러면 나는 아이들에게 다음과 같이 이야기해 준다. 돈으로 마음을 표현하는 것이 좋다고만 할 수는 없지만, 그래도 이런 때 감사했던 친구나 선생님, 부모님께 작게나마 마음을 표현할 수 있으면 좋겠고, 그런 부분까지 생각할 수 있다면 사회에 나갔을 때 훨씬 삶이 편해질 수 있다고 말이다. 그 이야기를 듣고 나면 우리 착한 아이들은 변화를 보여 주는데 잘 보면 다음과 같다.

어떤 학생은 10달러가 있음에도 불구하고 '작게나마 마음을 표현하라 했으니까.' 하고 1달러 가치의 사탕을 하나 사서 선물한다. 그런데 다른 친구는 3달러 정도의 재산을 가지고 있는데 그 돈을 모두 고마운 사람에게 쓰는 모습을 보인다. 물론 두 학생 모두 고마운 마음을 표한 것 자체로도 박수 받을 일이고, 금액적 가치와 고마움의 가치를 동등하게 볼 수 없는 것도 맞는 말이다. 하지만 돈을 우선으로 두지 않는 그 '과감함'은 돈의 노예에서 벗어날 수 있는 첫 번째 발걸음이 아닐까 싶다.

해가 지날수록 정산을 못 하는 학생들, 안 하는 학생들은 점점 늘어났다. 이 친구들은 정산에 대한 불만이 많았다. 빚이 빚을 낳는 상황이다 보니 회생도 불가하다고 생각해서 포기한다. 그들은 말한다. 정산 시스템이 학생들을 결국 돈의 노예로 만들고 있다고 말이다. 그런데 참 웃기다. 왜 항상 불만이 있는 사람들을 보면 잘 해

내지 못하는 사람들인 것인가? 죽어라 노력해 본 적도 없으면서 잘 안 풀리는 일에 포기하고, 자책한다. 열정도 안 보이고는 주위 환경이나 사람이 문제라고 불만을 터뜨리기도 하고, 책임을 회피한다. 결국 자신의 능력을 키우는 것만이 불만을 없앨 수 있는 유일한 방법인데 말이다.

정말 정산 시스템은 아이들을 '돈의 노예'로 만들고 있을까? 전혀 그렇지 않다. 우리는 정산을 통해 돈 이상의 가치를 알고, 돈에 의해 조종당하는 것이 아니라 돈을 조종할 수 있는 학생들로 성장시키는 것이 목적이다.

정산과 마찬가지로 우리 자본주의 사회에서도 사람들은 능력대로 돈을 가져간다. 능력이 좋은 사람은 좋은 직장에 취직하여 높은 임금을 받을 것이고, 능력이 없다면, 상대적으로 적은 금액의 임금을 받을 것이다. 바깥 사회에 비해 아주 작은, 학교라는 사회에서마저 돈의 노예가 되어 버린다면, 더 큰 사회로 나갔을 때도 같은 성향을 보일 수밖에 없다.

'피할 수 없다면 즐겨라.'라는 말을 어릴 때 참 많이 들어왔는데 이 말이 정말 깊은 뜻을 가지고 있다는 것을 커서 알았다. 어떤 상황이든 불만을 표하는 것은 결국 자신을 구덩이에 더 깊숙이 집어넣는 일이고, 부정적인 생각은 나를 발전시킬 수 없다. 우리가 항상 기억해야 하는 것은 긍정적인 사고를 하고, 바꿀 수 없는 것에 집중하는 것이 아니라 바꿀 수 있는 것에 집중하여 현재 환경에서 구할 수 있는 이익과 배움을 물색해야 하는 것이다. 즉, 내가 보는 '의미', 또는 내가 중요시하는 '가치'를 찾아낼 수 있어야 포기하지 않고 앞으로 나아갈 수 있다.

한 번은 이런 경우가 있었다. 우리 학교 학생 중 정산을 어느 정도 잘 하는 친구가 있었는데, 이 친구에게 한 번 권해 보았다.

"지금 주어진 것들을 잘 하고 있는데, 조금 더 도전을 해서 단어의 수를 두 배로 늘려보는 것은 어때? 영어를 잘하고 싶다는 욕심이 있는 걸로 아는데, 그러려면 단어 수를 늘리는 걸 해 봐야 하지 않을까? 매일 20개 외우는 건 쉽게 패스하고 있으니까 말이지."

평소에 영어를 잘하고 싶다는 욕심이 많은 친구였고, 20개는 잘 외워 오는 수준이니 단어 수를 2배로 늘려 40개 외우기를 하는 것은 어떨지 추천한 것이다. 단어 2배를 하면 단어에서 버는 금액도 2배가 되니 일석이조였다. 그 친구는 잠시 고민하더니 고맙게도 내 제안을 받아들였다.

그러나 안타깝게도 그 주에 두 배를 도전했던 친구는 단어 시험에서 노패스를 받았고, 돈을 2배를 벌기는커녕 20개를 해서 벌 수 있는 금액마저 벌지 못했다. 그 주, 그 학생의 정산표 소감문에는 이렇게 적혀 있었다.

'괜히 두 배를 시도한 것 같다. 오히려 돈을 벌지 못하게 되었다. 두 배는 아무래도 욕심이었던 것 같다. 그냥 안전하게 원래 했던 대로 단어를 20개만 외워야겠다.'

소감문을 보고 나는 그 친구를 불렀다.

"하나 묻고 싶은 게 있어. 너에게 천 원의 가치가 크니?"

그 아이는 대답하지 못하였다.

"그래, 지금 우리 학교 상황에서 천 원의 가치는 클 수 있으니 답을 잘 못하는 거겠지? 그러면 사회에서 생각해 보자. 네가 여기가 아닌 밖에서 있을 때 말이야. 그곳에서 천 원의 가치는 어떠니?"

"작습니다."

"그래, 천 원은 결코 큰 돈이라고 보기 어렵다. 특히 지금 같이 물가가 많이 상승한 상황에서는 천 원으로 무언가 하기는 사실상 어렵다고 볼 수 있지. 그런데 지금 너는 그 천 원에 쩔쩔매고 있고, 천 원이 사라지면 마치 세상을 잃은 것처럼 느끼고 있는 거 같아. 우리의 환경이 너를 지금 그렇게 만들고 있는 것인데, 사실상 생각해 보면 아무것도 아닌 금액의 돈이 너를 그렇게 묶어 두고 있는 것이지. 너는 이번에 처음으로 40개 영어 단어 외우기에 도전했어. 그 도전은 아주 대단한 것인데 안타깝게도 첫 실패를 맛봤고, 너는 곧바로 원래 했던 20개로 방향을 틀었지. 나는 이게 참으로 아쉬운 선택이라고 생각해. 그리고 이게 바로 너희가 종종 말하는 돈의 노예가 되는 길이라고 생각하고 말이야.

이렇게 한 번 생각해 보자. 사회에 나가서 사업을 시작한다고 말이야. 사업을 시작하려면 초기 자금이 있어야겠지. 사업 규모에 따라 다르겠지만 100% 내 돈으로 할 수는 없을거야. 그러면 대출을 받아야겠지? 그 돈으로 사업 장소 임대, 인테리어, 원재료 구매, 마케팅 등등에 지출해야 할 것이야. 그리고 우리는 사업체가 자리를 잡기까지 꾸준한 적자를 볼 것이다. 보통 그 기간을 최소 1년이라고 하더라. 그 1년 동안 꾸준한 적자를 맛보고 그 속에서 고칠 부분을 개선해 나가면서 점점 단단해진 사업체가 되어야겠지. 그리고 이제 1년이 지난 이후 승부를 봐야 할 것이야. 이 사업 아이템을 통해 흑자를 내서 지금까지 본 마이너스들을 메우고 꾸준한 이익을 만들어 낼 수 있는지, 아니면 적자가 계속 이어질지 말이야.

만약 그 많은 개선을 했지만 흑사를 만들어 내지 못한다면 그 사업은 실패로 돌아갈 것이다. 그리고 실패한다면 그동안 투자한 많은 돈을 다 잃어버리고, 심지어 빚에 허덕일 수도 있을 거다. 다시 일어서기 위해 노력하겠지만 다시 도약하는 데까지는 긴 시간이 걸리겠지.

그런데 봐라. 너는 새로운 도전을 한 지 단 일주일만에 '나는 단어를 외우는 데 재능이 없어' 라고 생각하고 바로 꼬리를 내렸다.

새로운 도전을 시작했다면 한 번에 성공하기는 당연히 어려운 것인데 말이야. 여러 번의 시도를 꾸준히 해서 내 것으로 만들어 내야 결국 성공할 수 있는 것이겠지. 그런데 지금은 그게 실패로 돌아가도 괜찮아. 왜냐면 꾸준한 시도 끝에 실패로 돌아간다고 해도 그 과정의 값어치는 감히 측정할 수 없고, 너에게는 고작 몇 천 원의 빚이 생기는 것뿐이니까.

 돈을 쫓는 사람은 지금 당장 내 눈앞에서 잃은 천 원 때문에 돈에 따라 결정하며 살아간다. 다른 가치를 보지 못하고 돈의 가치가 가장 우선이 되기 때문이다. 하지만 그렇지 않은 사람은 도전에 대한 가치를 알고 있다. 초반에 여러 번 실패하더라도 꾸준히 노력한 끝에 40개에 성공하면, 영어 실력은 물론 더 성장할 수 있는 미래적 가치까지 얻을 수 있다는 것을 알고 있지. 단어 20개에서 40개를 성공한 성취 경험이 40개에서 60개, 60개에서 80개, 80개에서

100개까지 갈 수 있는 길을 열어 줄 수 있기 때문이다. 그러한 발전 과정 중에 돈을 여러 번 잃더라도 괜찮다. 꾸준한 시도의 가치가 그 이상의 가치를 가져올 것이기 때문이지.

 너희는 마치 성인이 되면 한

순간 철들고, 인생을 바라보는 시선이 달라질 것 같다고 생각하지만 전혀 그렇지 않다. 지금 너희가 가진 생각을 바꾸지 못한다면 그 생각 그대로 어른이 될 거야. 지금 도전의 가치를 모른다면 성인이 되어 사회에 나가서도 알 도리가 없고, 성인이 된 후에 배우려고 한다면 더 많은 대가를 치러야 할 수도 있다. 그렇기에 지금 너희들 시기가 참으로 중요한 것이다.

지금 돈 이상의 가치를 볼 수 있는 눈을 가지게 된다면, 실패하더라도 그 속에 있는 배움의 가치를 알고 꾸준히 자기 성장을 위해 앞으로 나아갈 수 있으며 다시 일어날 수 있다. 그런데 지금도 정산에 허덕이고, 어떤 결정을 할 때 돈이 주어지는가 아닌가가 가장 중요하고, 나의 실수로 인해 돈을 잃는 것이 가장 크게 느껴진다면 성인이 되어서도 돈을 잃는 리스크를 떠안기 싫어서 버는 돈이 만족스럽지 않더라도 새로운 도전을 하기 꺼리며, 돈에 의해 가치관마저 흔들릴 수 있고, 많은 수익을 예상하며 시작한 사업이 망했을 때는 다시 일어나기가 힘들 수 있다. 사업 목적은 오로지 돈이었고, 그 돈을 다 잃었으니 살아가야 할 힘마저 잃은 것과 다름이 없으니까.

그래서 나는 꼭 이 말을 전해주고 싶다. 돈 이상의 가치를 볼 줄 아는 연습을 하라고 말이다. 다른 사람들에게 밥을 자주 사는 사람은 돈이 많아서가 결코 아니다. 그런 행동을 하는 대부분의 사람들은 밥값의 가치보다 그 사람과의 시간에 대한 가치를 더 크게 생각하기 때문이다. 누군가에게 선물을 할 때도 과감하게 큰 비용을 지출할 수 있는 이유도 내가 쓰는 돈보다 그 선물을 받고 기뻐할 그 사람의 가치가 나에게 더 크기 때문이다. 어떤 일을 할 때 돈이 기준이 되지 않기를 바란다. 그보다 내가 이 일을 함으로 인해 무엇을 배우고 얻을 수 있을지에 대해 고민을 해 보고 그 일을 결정할 수 있으면 좋겠다. 결국 어떤 길을 택해 살아갈지는 각자의 선택이지만, 돈의 노예가 되고 싶지 않다고 말하는 네게 조언이 되길 바라는 마음으로 말한다."

이렇게 길게 쓰고 나니 이번 장의 제목은 '돈의 노예가 되지 않는 법'이 되어야만 할 것 같다. 그런데 왜 제목은 '이러면 포기하지 않을 수 있을 것 같아'일까? 그건 바로 나의 긴 웅변에도 불구하고 그 친구의 대답은 다음과 같았기 때문이다.

"그런데 선생님, 저는 세상에서 돈이 가장 중요해서, 돈을 목적으로 살고 싶습니다. 그 외의 가치는 저에게 별로 중요치 않아요."

이에 나는 다른 가치를 보지 못한다면 돈 또한 따라올 수 없다는 이야기를 하려 했으나, '그래, 사람들마다 우선순위가 다를 수 있지.'라고 스스로 세뇌하며 이야기를 이어갔다.

"그래, 그럴 수 있지. 그럼에도 다른 가치, 다른 의미를 찾는 것은 중요해. 나의 최우선 목표가 무너지면 사람들은 쉽게 포기해 버리기도 하거든."

우리 학교는 스포츠를 굉장히 많이 한다. 뛰어노는 것이 잡생각을 없애고 체력을 키우는 데 가장 좋은 방법이라고 생각하기 때문이다. 특히 여름 방학 때나 겨울 방학이 되면 외부 학생들이 우리 학교 학생들과 같이 여행을 하는데, 그때가 되면 학생 수만 30명이 되니, 두 팀으로 나눠 다양한 게임을 할 수 있다.

'스포츠 위크'라고 해서 일주일 내내 게임을 진행하고 마지막 날 점수가 더 많은 팀이 승리하는 프로그램을 진행한다. 우리 선생님들은 일주일간 게임이 팽팽하게 진행될 수 있게 팀의 밸런스를 신경 쓰고 점수차를 최대한 줄이려고 노력하는데, 가끔은 그렇게 안 되는 때가 있다. 그렇게 되면 지고 있는 팀원들은 남은 게임 수를 생각하고 아무리 본인들이 노력해 봤자 역전할 수 없다는 것을 인지하고 포기해 버린다. '게임 승리'라는 우선 목표 외의 다른 가치를 보지 못한 것이다.

만약 자신이 프로 축구 선수라고 생각해 보자. 내가 축구를 좋아하니 축구를 예로 종종 드는 것 같다. 월드컵에서 모든 나라는 우승을 위해 최선을 다한다. 하지만 승부이기에 승자가 있기 마련이고, 당연히 패자도 있다. 특히 16강 진출을 위해 경쟁할 때는 조별로

네 개의 국가가 1,2등의 위치를 놓고 치열하게 싸우는데, 승점 시스템에 따라 마지막 경기 전에 이미 16강 진출이 불가능한 경우가 생기기도 한다. 즉, 마지막 경기를 이겨도 16강으로 올라갈 수 없게 되는 것이다.

이때 우리나라 국가대표 선수들이 우리 학생들과 같은 마인드였다면 마지막 경기는 연습 게임을 하듯이 설렁설렁 뛰었을 것이다. 어차피 열심히 뛰어도 목표인 우승엔 도달할 수 없으니 말이다. 하지만 감사하게도 우리 국가대표 선수들은 다른 경기와 마찬가지로 아주 치열하게 경기에 임한다. 그 이유는 무엇일까?

이것은 선수마다 가지고 있는 여러 가지의 '다음 가치' 때문일 것이다. 어떤 선수는 결과가 좋지는 않지만 먼 길 따라와서 응원해 주는 팬들에 대한 감사함 때문일 수도 있을 것이고, 또 어떤 선수는 이미 결과는 나왔지만 평소에는 겨루기 어려운 국가의 선수들과 경기를 하며 경험을 쌓는 것의 가치를 생각하고 있을 것이다. 또 누군가는 월드컵이라는 경기는 세계적으로도 큰 이슈를 몰고 다니는 경기이기에 팀의 승패와는 관계없이 여러 구단의 에이전트들이 선수를 주의 깊게 보고 있을 수 있으니 그 기회의 가치를 보았을 수도 있다. 결국 이러한 가치들이 모여 팀은 패배한 상황에서도 훌륭한 결과물을 만들어 내는 것이다.

누구나 그렇겠지만, 나 또한 인생을 살아가면서 '참 계획대로 안 된다.'라고 느낀 적이 여러 번 있다. 목표했던 것이 무너지고, 그 때문에 좌절하기도 했다. 그 순간마다 스스로 습관처럼 찾는 것은 '내가 여기서 배울 것'이다.

포기가 나쁜 것만은 아닐 것이다. 포기는 새로운 도전의 문을 열어 주니까 말이다. 하지만 그 순간 포기하는 것이 단순히 '내 길이 아니었어.' 또는 '잘못된 선택이었어'로 그치는 것이 아니라 다음 도전을 더 성공적으로 만들기 위해서는, 좌절의 순간에도 내가 일어설 수 있는 또 다른 가치를 찾는 것이 중요하다. 우리에게 일어나는 모든 일은 결코 이유 없이 벌어지지 않기 때문이다.

아, 그래서 그 학생은 어떻게 되었을까? 나와의 긴 대화 끝에 꾸준히 40개 단어에 도전했고, 일 년이 끝나갈 즈음에는 매일 단어 60개를 외워서 패스하는 학생이 되었다. 그리고 졸업 후에는 수능을 준비해 좋은 성적으로 원하는 대학에 진학했고, 지금은 또 다른 도약을 준비하고 있다.

7.
후회하지 않았으면 좋겠어

"쌤, 잘 지내세요?"

"어, 그럼 잘 지내지. 오랜만이네? 잘 지내고 있어?"

"뭐, 그냥 그렇죠."

"요즘 뭐하고 있지? 일반 학교로 진학한다고 하지 않았나?"

"아, 맞아요. 저 일반 고등학교 다니고 있어요 지금."

"이야, 여기 있었을 때 그렇게 일반 학교 다니고 싶다고 하더니 결국 갔네. 축하한다. 학교 생활 즐겁겠네?"

"아… 학교 생활이요? 전혀 안 즐거워요. 솔직히 너무 힘들죠, 뭐…. 거기 있었을 때는 진짜 오고 싶었던 곳인데 막상 오니까 진짜 후회돼요. 작년에 부모님께서 1년 더 여행학교에 다니자고 하셨을 때 그럴 걸 그랬어요. 그때는 핸드폰도 사용 못하고 몸도 힘드니까 집에 가고 싶기만 했는데, 지금은 그때 생활이 너무 생각나고 그리워요. 생각해 보면 그때만큼 빡세게 살아 본 적도 없는 것 같고… 여행하면서 시간을 제대로 못 쓴 것 같아서 후회도 되고… 요즘 좀 생각이 많네요."

"고등학교가 생각보다 힘들지?"

"네. 아, 그런데 솔직히 힘든 것은 거기가 더 컸던 것 같은데, 그래도 항상 하루가 끝날 때는 보람을 느꼈거든요? 뭔가 배운 것 같기도 하고 그런 느낌이 들었는데, 일반 고등학교는 그냥 진짜 재미없어요. 여기서 왜 이러고 있는지 이유도 모르겠고…. 같이 다니는 애들도 거의 좀비처럼 그냥 해야 하니까 하는 느낌이고요. 일상이 맨날 똑같으니까 너무 지루해요. 진짜 올해도 쌤 따라서 여행 다닐 걸 그랬어요."

"고등학교가 많이 지루하긴 한가 보네. 이런 생각도 하고 말이야. 그런데 잊으면 안 돼. 너에게는 일반 고등학교에 진학하는 것이 최고의 선택이었어."

"네?"

"내가 했던 말 기억하지? 우리는 항상 선택하지 못한 것에 대해 아쉬워하고 미련을 가진다고 말이야. 똑같은 거다. 아마 네가 우리 학교에 2년 차로 다녔다면 분명히 똑같은 후회를 했을 거야. 일반 학교에 갔어야 했는데 안 가서 너무 후회된다고 말이야. 결국 어떤 선택을 했든, 후회했을 거란 말이다. 그러니 후회하지 마라. 모든 선택이 후회가 되는 선택이라면 반대로 모든 선택이 옳은 선택이 되게끔 말이야. 네가 올해 일반 고등학교로 돌아간 것은 최고의 선택이었고, 그러니 의심하지 말고 네 선택이 옳았다고 믿으며 현재 있는 곳에서 최선을 다해. 아쉬움이 오래가면 지금 위치에서 해야 할 것에 집중하지 못 해. 알았지?"

"네, 알겠습니다. 그렇게 믿고 지내 볼게요. 그나저나 쌤, 학교 한 번 놀러가고 싶은데 언제 귀국하세요?"

1년을 우리학교에서 다니고 다음 해에 일반 학교로 진학한 학생과 나눈 대화다. 이 학생은 우리 학교에 1년을 다니는 동안 나에게 그만두고 싶다고, 집에 가고 싶다고 그렇게 노래를 불렀던 친구였는데, 1년이 지나고 나니 이렇게 우리 학교를 애정하는 학생으로 변해 있었다.

우리 학교에 들어와서 이런 모습을 보이는 친구들은 정말 비일비재하다. 나에게 제일 스트레스가 되는 부분이기도 한데, 우리 학교를 선택할 때 본인들의 선택보다는 부모의 선택으로 떠밀려온 친구들이 많다 보니 집에 가고 싶다고 말하는 것이 아예 이해되지 않는 것은 아니다. 그래서 이런 상황을 방지하고자 요즘은 부모가 원해서 오는 학생보다는 정말 우리 학교에 오고 싶어 하는 학생을 기준으로 입학을 받고 있다.

학생들은 초기에 집에 가려고 나에게 정말 많은 이야기를 한다. 아이들을 집에 보내는 데 있어서 실질적인 선택권을 가진 사람은 내가 아니라 부모님들이라고 그렇게 이야기해 줘도, 부모를 설득하는 게 더 어렵다고 생각하는 건지, 아니면 학교에서 자신을 내치길 바라는 건지 어떻게든 나를 설득하려 든다. 이것저것 되든 안 되든 시도해 보는 것인데 마치 예전의 나를 보는 것 같다.

아이들이 나를 설득할 때 가장 많이 이야기하는 것은 제대로 공부하고 싶다는 것이다. 내가 한국에 보내 달라고 이 말을 했을 때, 우리 부모님도 같은 감정이셨겠지. 그리고 다른 이야기로는 가족과 더 많은 시간을 보내고 싶다거나 집과 집 밥이 그립다는 말도 자주 한다. 나는 이런 부분에 있어서 경력자이기에 충분히 공감은 하지만 전혀 흔들리지 않는다. 나 또한 한국에 돌아가기 위해 여러 가지 시도를 해 봤고, 학생들을 돌려보낸다고 해도 공부는커녕 그렇게 소중하다는 엄마와 불과 일주일도 안 돼서 또 말다툼하고 있을 것이 뻔하기 때문이다.

아이들은 나에게 말한다.

"진짜, 집에만 보내 주시면 진짜 공부 열심히 해 보려고 하거든요. 여기서 배우는 거 말고 일반학교에서 배우는 걸 진짜 좀 더 제대로 배워 보고 싶어요."

> "집에 보내 주시면 진짜 효도하려고요. 생각해 보면 앞으로 부모님과 얼마나 시간을 더 보낼 수 있을지 모르는데, 이렇게 떨어져서 보내는 시간은 진짜 너무나 아까운 것 같아요. 절대 돌아오지 않는 시간이잖아요."

그들은 말에 진실성을 담으려고 노력하다 보니 '진짜'란 말을 너무나 자주 사용한다. 이에 나의 대답은 한결 같다.
"너희가 말하는 것은 지금도 할 수 있어. 지금부터 해."

우리 학교에 온 학생들에게 묻는 질문이 있다.
"여기에 오기 전 삶은 만족스럽고 행복했니?"

대부분 학생들은 그렇지 않았다고 대답을 한다. 결국 본인들이 원래 소속되어 있던 곳에서 만족하지 못했기에 우리 학교로 보내진 것이라는 말이다. 아무리 부모가 우리 학교로 오는 것을 설득했다고 해도 결국 '알았어. 가 볼게.'라고 대답했던 이유는 기존 학교 환경에 불만이 어느 정도 있었고 환경을 바꾸면 잘할 수 있을 것 같다는 생각이 들어서였을 것이다.

그렇게 입학식까지 했는데 막상 와 보니 본인들이 생각했던 여행학교와는 달랐고, 매일 놀고먹고 여행만 하는 학교인 줄 알았는데, 아침 7시부터 밤 11시까지 이렇게 일정이 타이트한 줄 몰랐다고 하며 그만하고 싶고 후회스럽다고 말을 한다.

분명 입학 절차를 밟을 때 우리 학교는 결코 쉬운 학교가 아니라고 말해 주는데 말이다. 그때는 이런 말도 들리지 않았나 보다.

그런데 이렇게 후회하는 모습을 보이는 행동은 아이들뿐만이 아니다. 학부모님들과 상담할 때도 잘 들어보면 남편, 또는 아내에 대한 불만, 그리고 아이에 대한 불만을 털어놓으며 '그때 이렇게 했어야 하는데…'라고 하는 후회 섞인 말들을 자주 한다.

현실에 만족하지 못하는 사람들이 꽤나 많은 것 같다.

대체 얼마나 많은 사람들이 후회를 하면서 살까 궁금해서 종종 물었던 질문이 있다.

"과거로 돌아갈 수 있다면 언제로 돌아가고 싶으신가요?"

이 질문에 열이면 아홉은 돌아가고 싶은 때를 이야기하는데 '주식을 매도했던 때'부터 결혼 전이나 출산 전을 언급하며 과거에 대한 미련을 보이곤 했다.

사람들이 본인이 다른 선택을 할 수 있는 시점으로 돌아가고 싶어하는 이유는 그때의 선택이 달랐다면 지금의 상황이 더 긍정적으로 바뀌었을 것이라고 확신하기 때문이다. 그런데 과연 그럴까? 나는 이렇게 생각했다.

'다시 선택을 한다고 해도
 그 선택이 좋을지는 어떻게 확신하지?'

예를 들어 나에게 A와 B라는 두 가지 선택지가 있었고, 나는 B를 선택했다고 가정하자. 살아보니 A를 선택했어야 한다는 확신이 들었고, 이에 과거로 돌아가서 A를 선택하고 싶다는 마음이 들었다.

그런데 과연 A가 더 나은 결정일까? 나는 이 확률이 50 대 50이라고 생각한다. 즉, 기존에 선택했던 B보다 A가 더 나을 확률이 50%지만, 반대로 B보다 더 나쁜 선택일 확률 또한 50%라는 것이다.

'내가 이 사람만 안 만났어도…!'라고 후회하는 사람은 과거로 돌아갈 기회가 주어졌을 때 그 사람을 만났던 때로 돌아가 관계를 정리할 것이다. 그리고 '지금의 나는 더 성숙하니까 더 옳은 선택을 할 수 있을 것이야!'라고 생각하면서 다른 사람을 만나겠지만, 새로운 사람이 예전 사람보다 나을 것이라는 보장은 없다.

또 어떤 사람은 비트코인이나 주식을 이야기하며 '그때 매수했어야 하는데…!' 또는 '그때 매도했어야 하는데…!' 하고 후회하지만 그때로 돌아간다 해도 우리의 인생은 크게 달라지지 않을 수 있고, 심지어는 더 악화될 수도 있다. 갑작스럽게 들어온 돈이 오히려 나를 망칠 수도 있고, 욕심이 욕심을 부른다고 쉽게 번 돈으로 비슷한 것에 투자했다가 날려 버릴 수도 있으니까 말이다.

혹시 이 글을 읽고, '아니, 너무 편협하고 일방적인 생각 아닌가요? 저는 진짜 과거로 돌아갈 수 있다면 훨씬 더 나은 선택을 할 수 있다고요. 자신해요!'라는 생각이 들었다면 내가 그려본 상황 게임에 너무 몰입한 거 같다고 말하고 싶다. 실제로 우리는 과거로 돌아갈 수도 없으며, 내가 전하고 싶은 메시지의 핵심은 그것이 아니니까 말이다.

세상 모든 일은 이유가 있다고 생각한다. 그 이유를 사건이 일어나고 나서 바로 알 수도 있고 한동안 모를 수도 있다. 나중에 시간이 지나고 나면 '아, 그래서 그 일이 나에게 일어났었구나!'라고 생각하기도 한다. 그러니 왜 이 일이 지금 나에게 일어나는지 모른다고 해서 낙담하고 후회할 필요는 없다.

나는 스페인의 순례길로 유명한 '산티아고 길'을 네 번 걸어보았다. 처음에 걸었던 때는 가족여행을 할 때인 16살 때였는데, 당시 읽었던 산티아고 길과 관련된 책의 메시지를 공유하고 싶다.

"산티아고 길을 걷다 보면 목적지인 '산티아고 대성당'까지 가는 방향 표시가 길마다 보인다. 대개 산티아고 길의 상징인 가리비 조개 또는 노란색 화살표로 길을 안내해 준다. 그런데 가끔은 그 표시가 보이지 않을 때도 있다. 모래에 가려져 있는 화살표, 풀숲에 가려진 가리비 조개, 부서진 화살표들은 순례자들 눈에 쉽게 들어오지 않는다. 그렇기에 우리는 조금 더 눈을 크게 뜨고 올바른 화살표를 찾아야 한다.
인생도 마찬가지다. 인생을 살다 보면 우리는 많은 화살표들을 마주하게 된다. 어떤 화살표는 가려져 있을 것이고, 어떤 화살표는 잘못된 길을 가리키고 있을 수 있다. 그때마다 우리는 올바른 화살표를 찾아 '산티아고 대성당'으로 걸음을 옮겨야 한다."

나는 이 메시지를 좋아했다. 어릴 적 그 책을 읽고 나서 한동안 올바른 화살표를 찾기 위해 노력했다. '세계 여행은 나에게 옳은 화살표였을까?', '저 화살표가 잘못된 화살표면 어쩌지? 세계 여행을 가지 않고 학교에 남는 것이 나에게 옳은 화살표가 아닐까?', '호주

로 유학을 가는 것이 나에게 좋은 선택일까?', '대학을 가라고? 이건 나에게 옳은 화살표일까?'

생각해 보면 내 인생은 선택의 연속이었고, 그 순간마다 나는 고민에 빠졌던 것 같다. 오랜 고민을 하고 나의 길을 택했으나 항상 예상했던 대로 흐르지만은 않았다. 그럴 때마다 '내가 신호를 잘못 읽었나?' 하고 아쉬워하거나 후회했던 것 같다.

그런데 어느 순간 이런 생각이 들었다.

'내 인생의 정답은 누가 정하는가?'

나는 이 질문의 답을 '나'라고 생각했다. 결국 내 인생이기에 내가 알아서 만들어 가면 되는 것이다. 내 인생의 '산티아고 대성당'은 바로 내가 있는 그곳인 것이다. 이렇게 생각하니 많은 고민들이 사라졌다. 어떤 선택을 하는지는 중요한 것이 아니다. 후회를 하는 사람은 어떤 선택을 해도 후회를 한다. 중요한 건 내가 선택한 것이 옳은 선택이라는 '믿음'을 가지고 전진하는 것이다.

어릴 적 세계 여행을 할 때 많은 여행객들을 만났는데, 그들은 나와 내 동생들을 보면서 너무 부럽다고 말했다. 본인들은 20대, 30대 또는 40대가 되어서 세상을 보자고 뛰쳐나왔는데, 우리는 아직 14, 13, 10살이라는 어린 나이에 이렇게 세계 여행을 하고 있으니 말이다.

  물론 당시에 나는 그 말이 전혀 이해되지 않았다. 어쨌든 간에 우리는 지금 같은 나라에서 여행을 하는 중이니 부러울 이유가 없다고 생각했다. 그리고 당시 나는 여행이 무엇보다 싫었던지라 부럽다는 말이 비꼬는 것이라는 느낌도 들었다.

  그런데 지금은 그 말이 진심이었단 것을 알 수 있게 되었고, 내가 정말 힘들다고 생각했던 그 순간이 누군가에겐 제일 부러운 순간일 수 있다는 것을 알았다.

  그렇게 생각해 보니 참 감사했다. 이렇게 어린 나이 때부터 남들은 해 보지 못한 경험을 할 수 있었다는 것 자체가 말이다.

  아프리카를 여행할 때 얼마나 많은 아이들이 내 축구화와 축구공을 보고 부러워했는지 모른다. 그들은 맨발로 축구를 했고, 축구공은 나뭇잎을 돌돌 말아서 만들었다. 나는 나이키 축구화와 축구공을 들고 다녔는데 말이다.

  언젠가 축구를 하고 숙소로 돌아가던 길에 거대한 쓰레기 덤프트럭 통 안에서 우당탕 하는 소리가 났다. 당시 케냐에는 사람만 한 크기의 새들이 우리나라 비둘기처럼 날아다녀서 그런 새가 거기 갇힌 줄로만 알았다.

  궁금증을 가지고 그 안을 들여다보았는데 코를 막지 않고는 버티기 힘들 정도로 악취가 풍기는 음식물 쓰레기 더미에 앉아서 웃고 떠드는 아이 세 명을 보았다. 그들은 그 자체만으로도 너무 행복해 보였기에 내 입장에서 이렇게 말하는 것이 조심스럽기는 하지만, 그들을 보며 내 삶에 다시 한 번 감사함을 느꼈다.

그 후 남미의 페루에서 마스크를 쓰고 돌아다니며 구두닦이를 하고 있는 어린 친구들, 인생에서 가장 큰 걱정은 '밥 걱정'이라는 쿠바의 아저씨 등을 생각해 보면 내 삶이 감사하지 않을 이유가 없다.

더 깊이 들어가보면, 자신의 길을 스스로 선택할 수 있다는 것 자체도 감사한 것이다. 세상에는 '선택'마저 존재하지 않는 삶 속에서 힘겹게 살아가는 사람들도 많다. 우리는 이미 대한민국 국민이라는 것 자체만으로도 굉장히 축복받은 삶을 살고 있다는 것을 알아야 한다. 바로 옆나라인 북한만 봐도 그렇지 않은가. 그들은 아마 우리가 누리는 것의 반만이라도 누릴 수 있으면 소원이 없겠다고 할 수도 있을 것이다. 그러니 우리는 현재에 불만할 이유가 전혀 없다.

후회는 불만족에서 나온다고 생각하고 불만족은 상대적 박탈감을 야기하는 '비교'에서부터 나온다고 생각한다.

생각해 보자. 일이 아무리 힘들어도 주위 사람들보다 수익이나 삶의 가치가 더 높다면 자신의 일이 마냥 힘들게만 느껴지지 않을 것이다. 반면에 일이 아무리 쉽더라도 다른 이들보다 돈을 못 번다거나 주위 사람들로부터 인정받지 못한다면 자신의 모습은 초라하게만 느껴질 것이다. 그러나 그 비교의 시선을 지금보다 더 악화된 쪽으로 돌린다면 우리의 '현재'는 한층 더 감사해질 것이다. '그래도 가족이 있으니 어디야', '집이 있으니 어디야', 또는 '사지 멀쩡한 게 어디야' 처럼 말이다.

나는 성공하고 싶은 욕망을 가진 사람 중 한 명이다. 성공의 기준이 상대적이긴 한데, 나는 자신의 인생에 주도권을 가지고 있고, 만족하고 있다면 성공한 삶을 살고 있다고 생각한다.

그 목적을 이루기 위해 종종 우리나라에서 소위 성공했다는 사람들의 영상을 자주 찾아봤다. 유튜브에 '성공한 사람들은 이게 다르다' 같은 제목의 영상을 하나만 보면 알고리즘을 통해 연관된 영상들이 계속해서 나오니 여러 가지 영상을 찾는 데 어려움은 없었다.

여러 영상들을 보면서 나는 성공한 사람들이 공통적으로 가진 행동 중 두 가지를 찾을 수가 있었는데, 첫 번째는 찬물 샤워이다. 찬물 샤워는 우리의 모든 신경을 깨워주고, 지방을 태워주며, 붓기

빠짐 효과, 염증 방지 등에 효과가 있고, 또 요즘 핫한 '도파민' 분비에도 많은 도움을 준다고 한다. 신체적으로 뿐만 아니라 정신적으로도 각성할 수 있게 해 준다는 것이다. 심지어 이 효과는 웬만한 마약이 가지고 있는 지속성보다 길다고 한다.

  두 번째는 아침 운동이다. 일찍 일어나는 새가 벌레를 잡는다고, 일찍 일어나는 습관을 갖고, 또 일어나자마자 규칙적인 시간에 운동을 한다면 건강한 하루를 맞이할 수 있다고 한다. 뇌 신경학 쪽으로도 규칙적인 일상은 미래에 대한 불안감을 자연스레 없애준다고 한다. 내일 무엇을 해야 할지 모르는 것은 불안감으로 찾아올 수 있고, 그 불안감은 무기력증과 연결될 수 있으니 규칙적인 일상들을 계획하는 것은 중요한 부분이란다. 또한 이른 시간에 아침 햇살을 맞는 것은 행복 호르몬을 담당하고 있는 세로토닌 분비에 굉장히 긍정적인 효과까지 가져다 준단다.

  사실 처음 이 내용을 접하고 나는 '두 가지 행동이 좋은 것은 알겠는데 이것만 하면 성공할 수 있다고?'라는 의구심을 품었다. '이런 종목에 투자해야 돈을 잘 법니다' 또는 '이걸 공부해야 앞으로 잘 살 수 있습니다'와 같이 직설적인 해답이 아니라서 의문이 생긴 것이다.

  그런 와중 한 인터뷰가 나를 자극했다.

  "그런데 이렇게만 하면 성공할 수 있는 게 맞나요? 이렇게 쉬운 것이라면 모두가 성공할 수 있을 것 같은데요?"

"네, 이렇게만 하면 모두 성공할 수 있습니다. 하지만 말입니다. 이렇게 말을 해도 이 영상을 본 열 사람 중 한 사람도 실천하지 않을 겁니다. 다들 부자가 되고 싶고, 성공하고 싶다고 하는데 제가 보기엔 그렇게 진심은 아닌 것 같아요."

이 영상을 본 이후 난 약 2년간 찬물 샤워와 아침운동을 이어오고 있다. 돌아보면, 나는 매순간 나에게 맞는 노력만 하고 싶었던 것 같다.

'아, 저는 성공하고 싶은데 찬물 샤워는 못 해요. 추운 건 딱 질색이거든요.', '아침운동은 솔직히 좀 어려워요. 제가 아침형 인간이 아니라서…. 하지만 저녁에는 운동을 합니다. 운동의 중요성은 알고 있거든요.' 하면서 말이다.

아픔 없는 성장은 없다. 힘드니까 싫어할 것이 아니라 좋다는 것은 일단 해 보자고 생각하고 움직이는 것이 중요하다. 나는 이 두 가지 외에 추가로 '매순간 계단 이용'을 실천하고 있다. 스마트폰이 우리를 바보로 만들고 있는 것처럼 편의를 위한 기계들이 우리의 건강을 해치고 있다는 생각이 들었고, 그나마 일상 생활에서 할 수 있는 운동 중 하나로 에스컬레이터 대신 계단 이용을 하고 있는 것이다. 이 또한 지킨 지 2년 정도 된 것 같은데, 세 가지를 2년이나 이어가다 보니 이를 통해 변화한 부분을 자신 있게 말할 수 있게 되었다.

'하나도 모르겠다.'

솔직한 내 감정이다. 찬물 샤워를 했을 때 도파민 분비가 활성화되어 일을 더 잘하게 되었는지도 잘 모르겠고, 심지어 찬물 샤워를 하면 샤워 시간이 짧아져서 최소한 물 절약이라도 할 수 있다는 이야기를 들었는데 이 또한 모르겠다. 찬물을 틀어놓고 들어갈까 말까를 고민하는 시간이 한참이기 때문이다.

아침운동? 그래도 하고 나면 뭔가 좀 부지런해졌다고 느껴지기는 하는데, 내 인생에 어떤 변화가 생겼는지는 아직 잘 모르겠다. 계단 오르기. 덕분에 하체가 조금 좋아졌으려나?

그럼에도 내가 여전히 이 노력들을 이어가고 있는 이유는 두 가지가 있는데, 첫 번째는 비록 아직은 눈에 띄는 변화를 발견하지 못했지만, 한 가지 확실한 건 매번 '유혹 이겨내기' 훈련은 제대로 되고 있는 것 같다는 생각이 들어서이다. 특히 추운 겨울에는 따뜻한 물로 몸을 지지고 싶지만 소신을 지키기 위해 찬물을 틀 때, 어제 좀 늦게 자서 오늘은 정말 일찍 일어나기 싫지만 아침 운동을 나갈 때, 그리고 압구정 로데오 3번 출구나 서울역 공항철도 라인처럼 예상치 못하게 긴 계단을 만나도 잠시 고민하긴 하지만 계단을 택할 때에도 나는 유혹을 이겨냈다.

이런 연습을 앞으로 꾸준히 잘 이어가다 보면 참을성 하나는 잘 다듬어져 언젠가 큰 자산으로 자리 잡지 않을까? 2년이란 세월이 지났지만 아직 노력의 결과를 만나기에는 섣부를 수 있으니 말이다. 운동을 해도 남들이 보기에 '오, 운동 좀 했나 본데?'라는 말을 들을 정도가 되려면 최소 4~5년은 해야 하니 말이다.

그리고 내가 이 노력을 이어가고 있는 두 번째 이유는 바라는 것은 크면서 작은 노력마저 제대로 하지 않고 불만만 하는 것은 납득되기 어렵다 생각했기 때문이다. 할 수 있는 데까지 노력을 해본 사람만이 불만할 자격이 생긴다고 생각한다. 자신의 모든 것을 다 부은 노력을 해도 결과가 안 좋을 수도 있다. 하지만 최소한 후회는 없을 것이다.

후회는 습관이다. 우리는 하지 않은 선택에 종종 미련과 아쉬움을 가지기 마련인데, 그 마음이 가장 커지는 때는 언제일까? 많이 힘들 때, 외로울 때, 지칠 때 등 어려운 상황들이 닥치면 내가 선택한 길에 대한 의심이 생기고 후회가 생길 것이다. 만약 가는 길이 너무 만족스럽고 행복하다면 다른 길을 택하지 않은 것에 대해 아쉬움이 없을 테니 말이다.

그런데 여기서 우리가 알아야 하는 현실은 무슨 길을 택하든 그런 시기는 '무조건' 온다는 것이다. 어느 길도 예외 없이 말이다. 이 말은 즉, 어느 길을 택해도 선택하지 않은 길에 대해 후회를 가질 수밖에 없다는 것이다. 모든 선택에 후회할 수밖에 없다면 우리는 뒤를 돌아보고 회피할 것이 아니라, 문제를 직면하고 매순간 고비를 넘는 연습을 하는 것이 현명하다. 산을 올라가기는 어렵지만 능선을 타기 시작하면 어느 순간부터 등산이 훨씬 수월해지는 것처럼 말이다.

자신을 믿을 수 있기를 바란다. 우리는 우리의 선택을 옳은 선택으로 만들 능력이 있다. 어차피 세상에 자신에게 맞는 완벽한 환경, 또는 길은 없다. 맞지 않는 환경 속에서 바꿀 수 없는 것에 미련 갖지 말고, 바꿀 수 있는 것에 초점을 맞춰 작은 것부터 노력해 내 길을 만들어 보자.

지금 우리가 보내는 이 순간이 누군가에게는, 그리고 심지어 미래의 나에게는 정말로 원하고 그리운 시간이 될 수 있다. 실수하더라도 괜찮다. 꾸준히 나아가겠다는 마음을 가지고 노력할 수 있다면 기회는 꾸준히 찾아올 것이다. 그러니 불안해하지 말자. 우리의 길은 매순간 새롭게 열리고, 그 길은 항상 옳다.

마지막으로,
제 책을 읽어주신 분들께

　먼저 부족한 저의 책을 읽어 주셔서 감사합니다.
　이 책을 쓰기까지 많은 성찰과 고민을 거듭하였습니다. 책을 쓴다는 것은 왠지 모르게 너무 거창하다고 느껴져서, 저 같은 평범한 사람이 책을 내도 될까 하는 생각이 들었거든요.
　그러다가 제가 갖고 있는 교육적 철학이 문득 떠올랐습니다. 제가 생각하는 가장 좋은 교육 방법은 솔선수범입니다. 아이들에게만 하라고 시키는 것이 아니라 같이 뛰고, 같이 공부하고, 같이 도전하는 것이지요. 그래서 용기가 생겼습니다. 저의 새로운 도전이 설령 수포로 돌아간다고 하더라도 그 과정을 옆에서 지켜본 아이들에게는 도전하는 저의 모습이 그들의 삶에 동기 부여가 될 수 있지는 않을까 하고 말입니다. 물론, 저에게도 제가 생각하는 '멋진 어른' 그리고 '아빠'로 한 걸음 다가갈 수 있는 발판이 될 것입니다.

저는 이 책을 읽는 모든 이들이 심적으로 단단해지고, 건강해지길 바랍니다.

그 마음을 책에 잘 담아 보려고 노력했습니다.

아직 살아온 날들이 짧기에, 제 생각이 온전히 옳다고 단언할 수는 없습니다.

더불어 제 글이 커다란 변화를 이끌기엔 역량이 부족하다는 점도 스스로 잘 인지하고 있습니다.

그럼에도 불구하고 저는 용기 내어 도전하고자 했습니다.

미약한 나비의 날갯짓일지라도, 한여름의 무더위 속에 잠시나마 시원한 바람이 되어 누군가의 숨을 돌릴 수 있기를 바라는 마음으로.

감사합니다.

한종윤 올림.

아픈 아이들에게

초판 발행 2025년 7월 7일

지은이 한종윤
펴낸이 방성열
펴낸곳 다산글방

출판등록 제313-2003-00328호
주소 서울특별시 마포구 동교로 36
전화 02-338-3630
팩스 02-338-3690
이메일 dasanpublish@daum.net
　　　　 iebookblog@naver.com
홈페이지 www.iebook.co.kr

ⓒ 한종윤, 2025, Printed in Korea

ISBN 979-11-6078-358-2　03810

* 이 책은 저작권법에 의해 보호받는 저작물이며, 저자와 출판사의 서면 허락 없이
　내용의 전부 또는 일부를 인용하거나 발췌하는 것을 금합니다.
* 제본, 인쇄가 잘못되거나 파손된 책은 구입하신 곳에서 교환해 드립니다.
* 책값은 뒤표지에 있습니다.